Der memetische Pfad

Der Autor

Hermann Roland Bolz, 1952 in Kaiserslautern geboren, verlebte dort eine glückliche Kindheit und Jugend. Angeregt durch seinen flugbegeisterten Vater widmete er sich schon früh dem Modell-, und hierauf aufbauend bereits mit 14 Jahren dem Segelflug, welchen er auch heute noch als Vereinsfluglehrer betreibt.

Nach dem Abitur verpflichtete er sich für zwei Jahre bei der Bundesluftwaffe. Sein Wehrdienst war überschattet von den dramatisch-tragischen Ereignissen um die israelische Olympiamannschaft, welche er als stellvertretender Wachhabender im Jahre 1972 auf dem Fliegerhorst Fürstenfeldbruck unmittelbar erlebte, und die ihn in seiner Lebenseinstellung nachhaltig prägten.

Anschließend studierte er Forstwissenschaften in Freiburg im Breisgau. Sein hieran anknüpfender beruflicher Lebensweg umfasst zahlreiche Stationen inner- und außerhalb der Forstverwaltung von Rheinland-Pfalz. So war er nach dem Fall des Eisernen Vorhangs als Amtshelfer in Thüringen, als Verwaltungsmodernisierer in der rheinland-pfälzischen Staatskanzlei und nicht zuletzt als Entwicklungshelfer in Jordanien tätig. Heute ist er Direktor der Zentralstelle der Forstverwaltung in Neustadt an der Weinstraße.

Hermann Roland Bolz ist verheiratet und Vater von insgesamt sieben Kindern.

Er ist geprägt durch seinen an weiten Zeithorizonten und komplexen natürlichen und sozioökonomischen Systemen orientierten forstlichen Beruf und inspiriert sich immer wieder durch die einzigartige Weltperspektive des Segelfliegers.

Im Mittelpunkt seines Handelns steht der Wunsch, seiner Verantwortung gegenüber künftigen Generationen gerecht zu werden. Daher beschäftigt er sich heute intensiv mit den aktuellen gesellschaftlichen Herausforderungen. Im Fokus steht dabei die Frage der Nachhaltigen Entwicklung der Menschheit.

4

Hermann R. Bolz

Der memetische Pfad

Für Petra,
die glücklich ist und deshalb stark!

© 2014 Hermann R. Bolz

Herstellung und Verlag: BoD - Books on Demand, Norderstedt

Umschlagphotographie: Carsten Rother

ISBN: 978-3-7357-7740-9

Bibliographische Information Der Deutschen Bibliothek:

Die Deutsche Bibliothek verzeichnet diese Publikation in der Deutschen Nationalbibliografie; detaillierte bibliografische Daten sind im
Internet über http://dnb.ddb.de abrufbar.

1 INHALTSVERZEICHNIS

2 VORWORT

You can count the seeds in an apple – but you can't count the apples in a seed.

(Angeles Arrien)

Der Perspektivenwechsel in dieser Metapher hat mich sehr beeindruckt. Mir wurde urplötzlich klar, dass ich während eines großen Teils meines bisherigen Lebens in erster Linie auf Äpfel geschaut habe und nicht auf die potenzialschwangeren Apfelkerne. Das hat sich geändert, und bezüglich der Apfelkerne ist für mich heute noch ein weiterer Aspekt hinzugetreten: Welches Potenzial haben memetisch modellierte Apfelkerne?

Es gibt immer wieder Zeiten, in denen Probleme auftreten, die mit herkömmlichen Lösungsansätzen nicht zufriedenstellend gelöst werden können. Dann ist angesagt, grundsätzlich neue Wege zu suchen und im wahrsten Sinne des Wortes mit der Vergangenheit zu brechen. An die Stelle eines alten Paradigmas tritt dann ein neues. Im politischen wie im wissenschaftlichen Raum kann man dann von einer Revolution sprechen[1]. Ein Beispiel unter vielen hierfür ist die Epoche vor etwa 300 Jahren, als die Leistungsfähigkeit der Wälder als damalige zentrale Lebensgrundlage überfordert wurde. Ohne den Umstieg auf die Nutzung fossiler Energieträger in Verbindung mit dem Ersatz tierischer Arbeit durch mechanische Kraftmaschinen hätte es keine belastbare Option für die Weiterentwicklung der Menschheit gegeben.

---

[1] Vgl. hierzu: KUHN, T.S., 1999, S. 104 ff.

Heute leben wir wiederum in einer solchen Übergangszeit. Vordergründig geht es um die Frage, wie die Menschheit mit den knappen natürlichen Ressourcen umgehen soll, um ihre Lebensgrundlage nicht über die Maßen zu gefährden. Die Frage hinter dieser Frage ist jedoch eine weitergehende. Es ist die Frage nach den Auswirkungen der ganz wesentlich vom Menschen getragenen memetischen Evolution auf die genetisch gesteuerte belebte und darüber hinaus auch auf die unbelebte Natur.

Die Leserinnen und Leser meiner beiden Bücher

„Nachhaltigkeit – eine weitere Worthülse oder ein wirksamer Beitrag zur Verringerung der Ontologischen Differenz?"

und

„Der Staat als Zukunftsagentur – Gesellschaft und Herrschaftssysteme in Nachhaltiger Entwicklung",

auf denen dieses Buch aufbaut, haben häufig mit Unverständnis auf die dort verwendete, anspruchsvolle Sprache reagiert. Dieser Kritik stelle ich mich gerne, wohl wissend, dass man ebenso neue wie komplizierte und komplexe Sachverhalte nicht ohne Weiteres auf Sprechblasenbilder-Niveau behandeln kann. Hier sollen insbesondere der weitgehende Verzicht auf Fremdworte, ein umfassendes Glossar sowie ein Stichwortverzeichnis diesen Anregungen Rechnung tragen.

Den Interessierten an diesem Buch wünsche ich eher weniger Spaß beim Lesen als vielmehr solchen an der gewonnenen Erkenntnis.

Lambrecht, im September 2014

Hermann Bolz

3 EINLEITUNG

Eingebettet in das Thema „Nachhaltige Entwicklung" beginnt der Weg durch dieses Buch mit einer Auseinandersetzung mit der Natur des Menschen als heterotrophem Lebewesen. Dabei wird deutlich, dass zumindest bis zur Stunde Menschsein gleichbedeutend ist mit der Notwendigkeit, zum eigenen Überleben andere Lebewesen, seien es Tiere oder Pflanzen, töten zu müssen. Ein Umstand, den der Mensch grundsätzlich mit allen anderen heterotrophen Lebewesen teilt.

Was den Menschen von nahezu allen anderen Lebewesen dagegen unterscheidet, ist das Selbstbewusstsein, das er im Vergleich etwa zu anderen Primaten in einzigartiger Weise entwickelt hat. Dieses ist dadurch gekennzeichnet, dass sich der Mensch selbst als Individuum zu erkennen und zu reflektieren vermag. Darüber hinaus ist er sich der zeitlichen Befristung seines Lebens durch den Tod bewusst. Auf dieser Grundlage trat neben die genetisch gesteuerte Evolution die kulturelle (memetische). Die Auseinandersetzung mit dieser Spielart der Evolution zeigt, dass sich der Mensch von den Wirkmechanismen der genetischen Evolution unumkehrbar (irreversibel) entfernt. Eine Rückeingliederung des Menschen in alleine genetisch gesteuerte Kreisläufe zur Lösung der bestehenden Spannungsfelder ist nicht mehr möglich.

Die Befreiung aus dieser Situation führt über den memetischen Pfad.

Zentraler Ort der memetischen Evolution ist die städtische (urbane) Verdichtung. Daher wird einer intensiven Auseinandersetzung mit der Entwicklungsgeschichte der Städte breiterer Raum gewidmet. Hieran schließen sich Überlegungen zur Weiterentwicklung herrschender Stadtleitbilder an.

Unabhängig davon, ob die Nationen dieser Erde zukünftig Wirtschaftswachstum, Null-Wachstum oder sogar negatives Wachstum anstreben: Die Ressourcen dieses Planeten werden sich so oder so verzehren. Angesichts der Wirkmächtigkeit der memetischen Evolution liegt es nahe, sich ohne Zögern so früh wie möglich mit den hieraus zu ziehenden Schlussfolgerungen auseinander zu setzen. Daher wird auch dieser Frage nachgegangen.

Die Auseinandersetzung mit all' diesen Herausforderungen findet sicherlich in weiten Teilen innerhalb mündiger Bürgergesellschaften statt. Gleichwohl stellt sich die Frage, ob es bei besonders komplizierten und/oder komplexen, auch zeitkritischen Problemen nicht eines Engagements des Staates bedarf. Hier wird abschließend der Versuch gewagt, aus staatlicher Sicht wichtige Zukunftsaufgaben zu benennen.

4 DER MENSCH

Die Begriffe „Nachhaltigkeit", „Nachhaltige Entwicklung" oder „Sustainable Development" werden heute sehr oft gebraucht. Dies häufig in Zusammenhängen, die Zweifel daran aufkommen lassen, ob es sich hierbei um ein ernsthaftes Anliegen im Begriffssinn oder nur um Worthülsen, etwa zur verkaufsfördernden oder das Gewissen der Konsumenten beruhigenden Kennzeichnung eines Allerweltsprodukts handelt.

Nachhaltige Entwicklung kann nur im Zusammenhang mit der Menschheit gedacht werden, denn dieses Leitbild ist von Menschen entwickelt und auf Menschen bezogen (anthropogen und anthropozentrisch).[2] Sich mit Nachhaltiger Entwicklung zu beschäftigen bedeutet daher in erster Linie, sich mit dem Menschen, seiner Stammesgeschichte und seiner künftigen Entwicklung auseinander zu setzen. Hier ist besonders wichtig, dass es der Mensch wie kein anderes Lebewesen versteht, jenseits seiner körperlichen Begrenzungen zu wirken. Diese Befähigung hat er sich auf der Grundlage seiner kulturellen (memetischen) Evolution[3] erworben und führt sie ohne Unterlass zu einem immer größeren Ausmaß. Dabei, und das ist wiederum ein besonderes Merkmal des Menschen, setzt er in erheblichem Umfang Energie ein, mehr Energie, als zur Aufrechterhaltung seiner grundlegenden Lebensfunktionen erforderlich wäre.

---

[2] BOLZ, H.R., 2013, S. 79 ff.

[3] DAWKINS, R., 1994, S. 398 ff.

4.1 DER MENSCH UND SEINE ENERGIE

Wie erwähnt, setzt der Mensch zur Überwindung seiner körperlichen Begrenzungen zusätzliche Energie ein. Es liegt daher nahe, den Energiekonsum einerseits in den Anteil zu gliedern, der erforderlich ist, um die grundlegenden Lebensfunktionen aufrecht zu erhalten, und den, welcher der Überwindung der körperlichen Begrenzungen dient. Ersterer wird hier als körpereigene (somatische), letzterer als körperfremde (extrasomatische) Energie bezeichnet.

4.1.1 Somatische Energie

Die Lebewesen unserer Erde kann man grundsätzlich in zwei Gruppen teilen. Die Erste ist in der Lage, überwiegend unter Nutzung des Sonnenlichts als Energieträger anorganische Stoffe in organische Verbindungen und damit Bausteine des Lebens umzuwandeln. Sie können sich also, vereinfacht ausgedrückt, selbst ernähren, weshalb sie auch „autotroph" genannt werden. Als Primärproduzenten bilden sie die Grundlage des irdischen Lebens. Im Gegensatz hierzu ist die zweite Gruppe auf das Vorhandensein organischer Verbindungen angewiesen, sie können diese also nicht selbst herstellen. Sie überleben nur als Konsumenten anderer Lebewesen, weshalb sie auch als „heterotroph" bezeichnet werden. Zu ihnen zählt auch der Mensch.

Bezieht man das vorstehend Gesagte auf die Menschheit mit derzeit etwa 7,2 Milliarden Individuen, dann wird das Ausmaß deutlich, mit dem die Menschheit, um ihr Überleben zu sichern, auch in die belebte Natur eingreifen muss.[4] Der

---

[4] HABER, W., 2013, S. 330.

Mensch muss tagtäglich Milliarden Lebewesen töten, um seine Lebensgrundlagen zu sichern. Damit ist vollkommen klar, dass es derzeit keinen Frieden mit der Natur geben kann.[5] Bis zu einem gewissen Grad muss sich der Mensch hierfür auch nicht entschuldigen, denn es handelt sich dabei um eine wesenseigene Verhaltensweise. Problematisch wird es dann, wenn die Versorgung mit somatischer Energie über die Grundversorgung hinausreicht, also etwa wesentlich genussbezogen ist. Wenn sich jemand bei einer Mahlzeit ausschließlich durch Forellenbäckchen sättigte und den restlichen Tierkörper entsorgte, so wäre dies gewiss ein Fall, der einer (kaum denkbaren) besonderen Begründung bedürfte. Diese müsste sich an allgemein anerkannten gesellschaftlichen Grundeinstellungen messen lassen.

Stammesgeschichtlich hat die Versorgung der Menschheit mit somatischer Energie verschiedene Phasen durchlaufen.

Die menschlichen Urhorden lebten innerhalb natürlicher Kreisläufe. Dabei zogen sie, wie andere heterotrophe Lebewesen auch, Nutzen daraus, dass die autotrophen Primärproduzenten, im Wesentlichen die Pflanzen, ein Vielfaches der zu deren Fortbestand erforderlichen Lebensgrundlagen erzeugen. Energetisch betrachtet lebten die seinerzeitigen Menschen von einem unmodellierten Solarenergiesystem.[6] Im Zuge der Neolithischen Revolution[7] schuf sich der Mensch

---

[5] Vgl. hierzu gegensätzlich: MEYER-ABICH, K.-M., 1984.

[6] Hierzu und zu den folgenden Begriffen: SIEFERLE, R.P., 1982, S. 12 ff.

[7] Angesichts des langen Übergangszeitraumes zur Agrarwirtschaft erscheint der Begriff „Revolution" verfehlt. Nachdem er sich jedoch

durch den Übergang zum Ackerbau und der Weidewirtschaft eine breitere Versorgungsgrundlage. Schon damals, vor etwa 12.000 bis 8.000 Jahren griff er auf diesem Weg intensiv in die Natur ein und zwang diese in eine Gemeinschaft (Symbiose) mit ihm selbst. Unter energetischen Gesichtspunkten ersetzte er auf großen Flächen bis heute das unmodellierte durch ein modelliertes Solarenergiesystem. Dieses stellt seither unmittelbar in Form von Pflanzen und mittelbar via Tierkörper die Grundlage für die Versorgung der Menschheit mit somatischer Energie dar, wobei weltweit betrachtet hier ein erheblicher Mangel besteht. Nach wie vor hungern mehr als 1 Milliarde Menschen.

Aus religiöser Sicht kann hier ergänzt werden, dass die im Alten Testament behandelte Schöpfung, da nach der Neolithischen Revolution beschrieben, wesentlich auch menschlichen Einflüssen unterlag. Es handelt sich hierbei nicht um die belebte Natur, die sich ohne das Einwirken des Menschen entwickelt hätte, sondern um die als Folge der Neolithischen Revolution in Gemeinschaft (Symbiose) mit dem Menschen lebende Natur.

4.1.2 Extrasomatische Energie

In dem Augenblick, in dem der Mensch durch den Einsatz tierischer Arbeitskraft seine körperlichen Begrenzungen überwand, griff er auf körperfremde (extrasomatische) Energie zurück. Seither ist der Energiebedarf der Menschheit die Summe aus körpereigener (somatischer) und körperfremder (extrasomatischer) Energie.

---

eingebürgert hat, wird er hier weiterhin verwendet.

Solange hierzu auf tierische Arbeitskraft zurückgegriffen wurde, bedeutete dies auch eine Verknappung der energetischen Lebensgrundlage des Menschen selbst, denn Tiere werden aus demselben modellierten Solarenergiesystem ernährt. Dies ist auch einer der Gründe dafür, dass die Menschheit bis zum Beginn der industriellen Revolution nur langsam wuchs. Mit der Erschließung des fossilen Energiesystems, zunächst im Wesentlichen der Kohle, sowie dem Ersatz tierischer durch mechanische Arbeitskraft, zunächst im Wesentlichen durch Dampfmaschinen, konnte die tierische Nahrungskonkurrenz des Menschen zurückgeführt werden. Ein entsprechender Anstieg der menschlichen Population war die Folge.

In der Zeit nach dem Weltkrieg II etablierten viele Staaten mit der Nutzung der Kernenergie ein sonnenunabhängiges Energiesystem. Dessen zukünftige Nutzung sowie Weiterentwicklung ist nach mehreren schweren Zwischenfällen in zahlreichen Staaten fraglich oder sogar zeitlich befristet worden. Unabhängig davon greift auch diese Form der Energieumwandlung zumindest zur Zeit auf Energieträger zurück, die sich in einem überschaubaren Zeitraum erschöpfen werden. Trotzdem ist eine Weiterentwicklung dieser Form der Energieumwandlung unter Berücksichtigung der vorstehend genannten Risiken angesichts einer zuverlässigen Energieversorgung dringend geboten.

Ebenfalls sonnenunabhängig ist die Nutzung der Erdwärme, die in verschiedenen Ländern, wie etwa Island, einen erheblichen Beitrag zur Energieversorgung des Landes leistet.

Schon von alters her hat die Menschheit versucht, auf technischem Weg weitere Energiequellen zu erschließen. Dies galt insbesondere für die Wind- und Wasserkraft. Angesichts der sich verschärfenden Lage bei der Versorgung der Volkswirt-

schaften mit nutzbarer Energie werden heute erhebliche Anstrengungen unternommen, diese auf ein höheres techni-
sches Niveau zu führen. Dies gilt insbesondere für die Nut-
zungen der Windkraft durch Windenergie- sowie des Sonnenlichts durch Fotovoltaikanalgen.

Schließlich wird zur Energieversorgung heute erneut auf modellierte Solarenergiesysteme zurückgegriffen. So werden
inzwischen in erheblichem Umfang Pflanzen zur Erzeugung
von Bioenergie angebaut. Bemerkenswert ist in diesem Zusammenhang, dass nunmehr wieder körperfremde (extrasomatische) Energie in Nahrungskonkurrenz zum Menschen
gewonnen wird mit dem Unterschied, dass es heute Maschi-
nen sind, die mittelbar mit Nahrungsmitteln „gefüttert" werden. Im Gegensatz zu den vorstehend erwähnten Windener-
gieanlagen, die auf einem höheren technischen Niveau arbei-
ten, handelt es sich bei den für die Energieversorgung ver-
wendeten Pflanzen um im Wesentlichen unveränderte, also
nicht etwa gentechnisch auf ein höheres Ertragsniveau modellierte, Arten. Dies ist insofern wichtig zu erwähnen, als
diese Art der Energieversorgung schon vor etwa 400 Jahren
an ihre Grenzen stieß.

Abschließend ist darauf hinzuweisen, dass Art und Umfang
der Nutzung körperfremder (extrasomatischer) Energie sich
ebenfalls an allgemein anerkannten gesellschaftlichen Grundeinstellungen messen lassen müssen.

4.2 DER MENSCH UND SEINE EVOLUTION[8]

Die Menschen sind eine noch vergleichsweise junge Art (Spezies)[9], die sich in bemerkenswerter Weise gegenüber anderen Lebewesen durchgesetzt hat. Ihre Wurzeln liegen vermutlich in den tropischen Regenwäldern, die seit dem letzten katastrophalen Meteoriteneinschlag vor etwa 65 Millionen Jahren kontinuierlich, allerdings in unterschiedlich großer Ausdehnung, den modernen Säugetieren mit ihren reichen Früchten als Heimat zur Verfügung standen.

Die heutigen großen Menschenaffen – Orang-Utans, Gorillas, Schimpansen und Bonobos – differenzierten sich im Verlauf der letzten 15 Millionen Jahre. Die Vorfahren der Menschen überquerten vor ca. 5 Millionen Jahren die große ökologische Grenze zwischen dem tropischen Regenwald und dem sich durch klimatische Änderungen ausweitenden offenen Wald-/Savannenland. Hierdurch setzte eine rasche evolutionäre Entwicklung ein, bis schließlich vor etwa 2 Millionen Jahren eine Linie ihre Klettergewohnheiten ablegte und alsbald begann, Steinwerkzeuge zu formen und sich zunehmend auch von Fleisch zu ernähren. Verbunden mit dieser Entwicklung war ein erstaunliches Wachstum des Gehirns, das erst vor etwa 50.000 Jahren seinen Abschluss fand.[10] Die Geschwindigkeit, mit der sich die Menschheit in der Folge als die herr-

---

[8] Die nachstehenden Ausführungen greifen auf BOLZ, H.R. 2013, S. 37 ff. zurück.

[9] Vgl. hierzu: WRANGHAM, R., PETERSON, D., 2001 und HAWKING, ST., 2001, S. 177.

[10] Vgl. hierzu: ORNSTEIN, R., 1996, insb. S. 61 ff.

schende Art (Spezies) weltweit etabliert hat, ist in der langen Geschichte des Lebens ohne Beispiel. Angesichts der vom Menschen getragenen (anthropogenen) Prägung der Erde gibt es Vorschläge, das Zeitalter ab 1750 n.Chr. als Anthropozän zu bezeichnen.[11] Daher liegt die Frage auf der Hand, ob mit dem Menschen eine neue Form der Evolution aufgetreten ist.

4.2.1 Eine wirkmächtige Evolution tritt auf – die memetische Evolution

Gemeinhin wird davon ausgegangen, dass die Entwicklung des Lebens auf unserem Planeten auf der Basis des Replikators Gen erfolgt. Dawkins[12] weist jedoch darauf hin, dass mit dem Menschen ein neuer aufgetreten ist, nämlich das Mem. Hierunter versteht er eine Einheit der Imitation oder der kulturellen Vererbung.

> „Ich meine, dass auf diesem unserem Planeten kürzlich eine neue Art von Replikator aufgetreten ist. Zwar ist er noch jung, treibt noch unbeholfen in seiner Ursuppe herum, aber er ruft bereits evolutionären Wandel hervor, und zwar mit einer Geschwindigkeit, die das gute alte Gen weit in den Schatten stellt.
>
> Das neue Urmeer ist die „Suppe" der menschlichen Kultur. Wir brauchen einen Namen für den neuen Replikator, ein Substantiv, das die Assoziation einer Einheit der kulturellen Vererbung vermittelt, oder eine Einheit der *Imitation*. Von einer entsprechenden griechischen Wurzel ließe sich das Wort „Mimem" ableiten, aber ich suche ein einsilbiges Wort, das ein wenig wie „Gen"

---

[11] CRUTZEN, P. J., 2002, S. 23.

[12] DAWKINS, R., 1994, S. 308 ff. Vgl. kritisch hierzu: COEN, E., 2012, S.325.

klingt. Ich hoffe, meine klassisch gebildeten Freunde werden mir verzeihen, wenn ich Mimem zu *Mem* verkürze."

Wie Gene zu einem Genpool gehören und von Körper zu Körper springen, so sind Meme Elemente des Mempools und verbreiten sich von Gehirn zu Gehirn. Als Beispiel hierfür mag die berühmte Einstein'sche Formel $E = mc^2$ gelten. Bewährt sie sich, bleibt sie präsent und wirksam. Würde sie widerlegt, verlöre sie sehr rasch an Wirksamkeit.

Im Unterschied zur genetischen ist die auf die Wirkungen der Meme aufsetzende memetische Evolution nahezu ausschließlich menschlicher Natur[13]. Ebenfalls anders als die genetische ist sie nicht generationengetaktet. In Verbindung mit der zeitlich und räumlich hohen Mobilität der Meme vermag sie die Prüfung derer Tauglichkeit und Verbreitung ungleich schneller zu organisieren, als erstere die der Gene. Es liegt auf der Hand, dass die Wirkmächtigkeit eines Mems signifikant höher ist, als die eines Gens. Einmal aufgetreten, müsste im Extremfall die gesamte Spezies Mensch untergehen, um ersteres wieder zu entfernen. Gerade letztere Überlegung legt im Übrigen nahe, die Wirkungen der memetischen Evolution auf der Ebene der Gesellschaft, und nicht etwa auf der des Individuums zu denken.[14]

Wegen dieser Wirkmächtigkeit und den dadurch erzeugten Spannungen zur nicht-menschlichen Natur ist die memetische Evolution der „Urgrund" der ökologischen Krise.

---

[13] Es ist nicht auszuschließen, dass bei hochorganisierten Säugetieren ebenfalls Ansätze einer memetischen Evolution wirksam sind.

[14] Vgl. hierzu SCHURZ, G., 2011, S. 249 ff.

Meilensteine der memetischen Evolution sind neben anderen insbesondere die

- Entwicklung einer Sprache

- Nutzbarmachung des Feuers bis hin zum atomaren Feuer

- Entwicklung der Landwirtschaft

- Erfindung der Schrift und in der Folge des Buchdrucks

- Einschränkung persönlicher Gewaltausübung

- Einführung des Geldes als allgemeines Tauschmittel

- Erfindung von Kraftmaschinen

- Erhöhung der Mobilität

- Erfindung der elektronischen Datenverarbeitung

- Gestaltung von Erbmaterial

- Entwicklung künstlicher Intelligenz

- Implementation biotechnischer Elemente in Lebewesen

Führt man sich die zeitliche Abfolge dieser Meilensteine der memetischen Evolution vor Augen, wird deutlich, dass diese sich zunehmend beschleunigt.

4.3 MENSCH UND GERECHTIGKEIT

In der jüngeren Vergangenheit haben sich zahlreiche Autoren mit dem Thema „Gerechtigkeit" auseinander gesetzt und

dieses interpretiert.[15] Dabei wird insbesondere auf zwei Aus-
dehnungen der Gerechtigkeit hingewiesen, nämlich einerseits
auf die räumliche und andererseits auf die zeitliche, wobei
letztere regelmäßig in die Zukunft gerichtet ist. Es erscheint
jedoch durchaus als sinnvoll, die zeitliche Betrachtung auch
auf die Vergangenheit zu erstrecken.

4.3.1 Gerechtigkeit gegenüber vergangenen Generationen

Lange Zeiträume verlief die Entwicklung der Lebensumstände
der Menschen stetig und in kleinen Schritten. Zwei Unterbre-
chungen sind hier von besonderer Bedeutung:

- Die Neolithische Revolution

- Die Industrielle Revolution in Verbindung mit der Erschließung der unterirdischen Wälder

Mit diesen beiden Weichenstellungen haben unsere Vorfahren Entwicklungen eingeleitet, welche die Stammesentwick-
lung der Menschheit erheblich, wenn nicht sogar unumkehrbar, beeinflusst haben. Von herausragender Bedeutung ist
hierbei das erfolgreiche Bemühen, die Menschen zu befähi-
gen, jenseits ihrer körperlichen Begrenzungen zu handeln,
was insbesondere durch die Wirkungen der Industriellen Revolution erreicht wurde. Diese Weichenstellungen haben sich
bis heute als außerordentlich wirksam erwiesen. Insofern
tragen unsere Vorfahren die Urverantwortung für alle Herausforderungen, die nach dem Auszug aus dem „Paradies",
das ist das Verlassen des geschlossenen natürlichen Kreis-

---

[15] Vgl. u.a. RAWLS, J., 1979, ECKARDT, F., 2005, THIES, CH., 2013, S.
98 ff.

laufsystems durch den Übergang zur Land- und Viehwirtschaft (Neolithische Revolution), entstanden sind.

Die Gerechtigkeit gegenüber früheren Generationen gebietet zumindest, sich mit diesen frühen Entscheidungen auseinander zu setzen und sie als grundlegend für unser heutiges Dasein anzuerkennen.

4.3.2 Räumliche Gerechtigkeit

Die Feststellung, dass die Lebensverhältnisse auf unserem Planeten sehr unterschiedlich sind, bedarf keiner eigenen Begründung. Hieran knüpft die Frage der räumlichen Gerechtigkeit an. Ist es gerecht, dass ein Mensch in Mitteleuropa luxuriös gekleidet in einem Feinschmeckerlokal schlemmt, während halbnackte Kinder in den Armenhäusern der Welt verhungern?

Auf den ersten Blick liegt die Antwort auf der Hand. Sie relativiert, nicht löst, sich dann, wenn man nach den Ursachen fragt. Diese mögen einerseits in der Ausbeutung der Dritten Welt durch die erste liegen, andererseits mag man Gründe hierfür sicherlich auch in den sozialen, ökonomischen und ökologischen Verhältnissen der dortigen Staaten finden. Unter grundsätzlicheren Erwägungen muss man sicher auch berücksichtigen, dass aus den vorgenannten Gründen die memetische Evolution mit unterschiedlichen Geschwindigkeiten verläuft.

Unter räumlichen Gerechtigkeitsgesichtspunkten ebenfalls erwähnenswert ist die in Deutschland erhobene Forderung nach Zuwanderung von Fachkräften aus anderen Ländern. Da es sich hierbei um möglichst gut qualifiziertes Personal für die hiesige Wirtschaft handeln soll, weil es ja angesichts des Geburtenrückganges hierzulande an Nachwuchs mangelt, be-

deutet dies einen entsprechenden Verlust in den Entsende-
ländern. Dort fehlen fortan gut und mit entsprechendem
Aufwand ausgebildete Menschen, wodurch die Nachhaltige
Entwicklung dieser Gesellschaften beeinträchtigt wird. Hält
man noch die Zahl der Schwangerschaftsabbrüche hierzulande dagegen, stellt sich die Gerechtigkeitsfrage noch dringli-
cher.

Besonders brennend wird die Gerechtigkeitsfrage, wenn man
angesichts der unzulänglichen Lebensbedingungen in den
Armenhäusern der Welt erhebliche Mittel zum Schutz nicht-
menschlichen Lebens hier ausgibt. Wenn etwa ein Kinderkli-
nikneubau wegen zweier vom auf der Roten Liste stehenden
Heldbock (Cerambyx cerdo) befallenen Eichen, die nicht ge-
fällt werden dürfen, mit Mehrkosten von 3 Millionen Euro in
ein zweigeteiltes Bauwerk umgeplant werden muss[16], dann
stellt sich die Gerechtigkeitsfrage sehr deutlich. Für diesen
Betrag könnte eine einjährige Patenschaft für etwa 7.500
Kinder in Zentralafrika übernommen werden. Diese schlösse
Kleidung, Verpflegung, Unterkunft und Bildung ein. Wer mag
den Betroffenen erklären, dass wenige Heldböcke, welche die
Bäume, und damit ihr „Zuhause" recht bald zum Absterben
bringen, etwa so viel „Wert" sind, wie das Wohl einer solchen
Schar von Kindern? Hier stellen Gerechtigkeitsüberlegungen
mindestens eine große Herausforderung dar.

4.3.3   Gerechtigkeit gegenüber künftigen Generationen

Da die menschliche Entwicklung je nach gewähltem Zeithori-
zont nur unter einem bestimmten Risiko, Unsicherheit oder

---

[16] LAPOS, A., 2013.

überhaupt nicht vorhergesagt werden kann, ist eine Aussage zur Gerechtigkeit gegenüber künftigen Generationen sehr schwierig. So ist es kaum möglich, die Bedürfnisse künftiger Generationen mit einer gewissen Aussagekraft vorher zu sagen. Bei der Bewirtschaftung bestimmter Rohstoffe oder Energieträger kann durchaus die Situation eintreten, dass diese dann entbehrlich oder durch andere ersetzt sind. Ebensowenig kann ausgeschlossen werden, dass künftige Generationen die Folgen „ungerechter" Handlungen mit geringeren Grenzkosten ausgleichen können, als dies heute bei deren Vermeidung der Fall wäre.

Als Beispiel mag in diesem Zusammanhang der Einstieg in die Nutzung fossiler Energieträger gelten. Im 17. Jahrhundert war in Mitteleuropa die Leistungsfähigkeit des modellierten Solarenergiesystems erschöpft. Ein Verzicht auf die Nutzung der „unterirdischen Wälder" hätte zumindest einen Stillstand, vermutlich sogar einen erheblichen Rückschritt in der Entwicklung der Menschheit bedeutet. Unabhängig davon, dass die Spätfolgen dieser Entscheidung damals nicht annähernd vorhergesehen werden konnten, gab es wohl keine Alternative hierzu.

Angesichts der Komplexität künftiger Entwicklungen erscheint es zweckmäßig, Gerechtigkeitsüberlegungen auf der Grundlage der Pflichtenlehre zu entwickeln.

In erster Linie steht hierbei die Gewährleistung der Versorgung der Menschheit mit körpereigener (somatischer) und körperfremder (extrasomatischer) Energie mindestens in dem Umfang, wie er den heutigen Generationen zur Verfügung steht.

Daneben ist sicher zu stellen, dass die physikalischen, insbesondere die atmosphärischen, Rahmenbedingungen durch menschliches Handeln nicht in einen Zustand geraten, der menschliches Leben gefährdet oder sogar ausschließt.

Schließlich ist angesichts der Endlichkeit der irdischen Rohstoffe und Energieträger eine Entwicklung einzuleiten und zu fördern, die Alternativen ggf. auch unter Rückgriff auf außerplanetarische Ressourcen erschließt.

4.4 MENSCH UND VERANTWORTUNG

Um Gerechtigkeit in den vorstehend dargestellten Ausformungen zu gewährleisten, bedarf es der Wahrnehmung entsprechender Verantwortung. Dies kann durch Individuen, gesellschaftliche und wirtschaftliche Vereinigungen und den Staat sichergestellt werden. Wichtig ist, dass Verantwortungslücken vermieden werden. Insofern erfolgt die Wahrnehmung von Verantwortung im Zusammenwirken der vorstehend genannten Verantwortungsträger, wobei dem Staat eine besondere Gewährleistungsrolle zukommt.[17]

4.5 DER MENSCH AN DER SCHWELLE ZUR ZUKUNFT

Wir erleben eine sehr beeindruckende Beschleunigung in der Entwicklung der Menschheit. Der Übergang zur Sesshaftigkeit liegt kaum 800, die Erfindung des Buchdrucks kaum 20, die Industrialisierung mit ihren weltweiten sozialen, ökonomischen und ökologischen Folgen kaum 10 und die weltumspannende Mobilität kaum vier Generationen zurück. Die

---

[17] Vgl. hierzu: BOLZ, H., 2013, S. 197 ff.

Evolution der Menschheit ist nicht abgeschlossen. Im Gegenteil: In unserer Übergangszeit bahnen sich weitere, atembe-
raubende Entwicklungen an.

Mehrere Jahrmilliarden verlief die Entwicklung des Lebens im
Rahmen der natürlichen Ko-evolution. Mit dem Auftreten des
Menschen und der mit ihm verknüpften memetischen Evolution gewann diese eine neue Qualität, zunächst, wie dargestellt, durch die Zähmung des Feuers sowie erfolgreiche Züch-
tungen in der Tier- und Pflanzenwelt. Im Zeitverlauf be-
schleunigte sich diese Entwicklung und führte zu einer ungeheuren Erweiterung des menschlichen Erkenntnis- und Erfah-
rungsraums, dem weder die unbelebte noch die belebte,
nicht-menschliche Natur auf diesem Planeten etwas auch nur
annähernd Vergleichbares entgegenzusetzen hat.

Zahlreiche Autoren kommentieren diese Entwicklung kritisch.
So führt beispielsweise ORNSTEIN[18] in diesem Zusammenhang
aus:

„Mehr als 99,99 Prozent unserer Zeit verbrachten wir als Jäger
und Sammler in Umgebungen und Welten, die dem Pleistozän
(Diluvium) zuzuordnen sind und passten uns an sie an. Im Grunde genommen kam unsere biologische Evolution irgendwann in
der Zeit von vor 40.000 bis vor 20.000 Jahren zum Stillstand. Wir
sind darauf spezialisiert, mit den Umständen zurechtzukommen,
denen unsere Vorfahren ausgesetzt waren. Und so hinken wir
uns ständig selbst hinterher, passen uns an, um mit einer Welt
Schritt zu halten, die es schon lange nicht mehr gibt."

Es stellt sich die Frage, ob es zu dieser Perspektive nicht eine
überzeugendere Alternative gibt. Ursache für die rasante

---

[18] ORNSTEIN, R., 1996, S. 115 f. und jüngst VOGT, M., 2013, S. 44 ff.

Entwicklung der Menschheit ist die memetische Evolution, die neben die genetische getreten ist und im Vergleich mit dieser ungleich schneller und wirksamer verläuft. Ihre Wirkungen haben den Menschen befähigt, sein Leben anders als vor 40.000 bis 20.000 Jahren zu gestalten. Im Mittelpunkt steht dabei das Bestreben, sich von der Natur zu emanzipieren und auf diese Weise stabile, von deren Unbilden weitgehend unabhängige Lebensbedingungen zu schaffen. Insofern ist der Mensch nicht die arme Kreatur, die auf sich gestellt nicht mehr in der Natur überleben könnte, sondern ein soziales Wesen, das sich im Verein mit anderen die Voraussetzungen dafür geschaffen hat, eigenständige Entwicklungen zu organisieren. In diesem Zusammenhang ist es in der Vergangenheit wie in der Gegenwart immer wieder zu kritischen Überdehnungen wichtiger Beziehungen der Menschheit zum natürlichen, nicht-menschlichen Teilsystem gekommen. Die damit einhergehenden Probleme konnten bis heute immer rechtzeitig und mit Erfolg überwunden werden. Dabei entzieht sich der Mensch zunehmend der genetisch programmierten, also der belebten, nicht-menschlichen Natur sowie deren evolutionär wirksamen Regelungen. Daher hinkt er nicht sich selbst hinterher, sondern er hat sich die Voraussetzungen zur Erschließung anderer Wirkungsräume geschaffen.

4.5.1 Artifizielle Welten

Die aktuelle umweltpolitische Diskussion vermittelt mitunter den Eindruck, als würde erst der moderne Mensch wirksam in die natürliche Umwelt eingreifen. Dies trifft jedoch nicht zu.[19] Längstens mit der Beherrschung des Feuers hatte die

---

[19] Vgl. hierzu REICHHOLF, J.H., 2008, S.126.

Menschheit ein Instrument an der Hand, mittels dessen sie
große Landschaftsteile sowohl beiläufig als auch bewusst
veränderte. Der erstgenannte Fall trat immer dann ein, wenn
wildlebende Tiere mit Hilfe des Feuers eingekesselt oder gegen Abstürze gedrängt wurden. Durch das Feuer wurde, zumindest vorübergehend, eine offene Graslandschaft begüns-
tigt. Die Beobachtung, dass sich auf solchen Landschaften
vermehrt Weidetiere einfanden, mag dann auch dazu geführt
haben, den Wald mittels Brandrodung systematisch zurück-
zudrängen, und kann daher als Vorstufe zur Agrarisierung
gelten. Darüber hinaus ermöglichte das Feuer als erste Form
der erschlossenen körperfremden (extrasomatischen) Energie
die Besiedlung klimatisch ungünstiger Erdteile, wodurch auch
diese dem starken anthropogenen Einfluss ausgesetzt wurden.

Im Zuge ihrer Sesshaftigkeit begannen die Menschen, sich
künstlich gestaltete Welten, artifizielle Welten, zu schaffen.
Waren diese zunächst nur primitive Hütten, um sich insbesondere vor den Unbilden der Witterung zu schützen[20], so
prägt heute ein naturfernes Ambiente das tägliche Erleben
der Menschen. Repräsentiert wird dieses durch die Siedlungsform „Stadt". Weltweit gesehen findet eine anhaltende Konzentration der Bevölkerung in Städten statt. Damit einhergehen in Form von „Slums" oder „Squatter Cities" Siedlungs-
formen, die in vielerlei Hinsicht als problematisch angesehen
werden können. So leben dort viele Menschen in hygienisch
nicht akzeptablen Verhältnissen. Gleiches gilt für die medizinische Versorgung, die Schulbildung, die Ausgestaltung ihrer

---

[20] Vgl. hierzu GRÜNERT, H. 1982, S. 124 ff.

Arbeitsverhältnisse, um nur Einiges zu nennen. Die in diesen Agglomerationen ausgeprägten Herrschaftssysteme sind darüber hinaus weit von solchen demokratisch-legitimierter Natur entfernt, häufig hat sich staatlicher Einfluss nicht auch nur ansatzweise gegen Gewaltausübung durch Banden und Kartelle durchgesetzt.

Gleichwohl erkennen verschiedene Autoren auch positive Entwicklungen in diesen problematischen Strukturen:

> Squatter Cities are Green. They have maximum density – a million people per square mile in Mumbai – and minimum energy and material use. People get around by foot, bicycle, rickshaw, or universal shared taxi …

> In most slums recycling is literally way of life. The Dharavi slum in Mumbai has four thousand recycling units and thirty thousand ragpickers; six thousand tons of rubbish are sorted in the slum every day. …

> Urban density allows half of humanity to live on 2.8 percent of the land. Soon that will be 80 percent on 3 percent of the land. Consider just the infrastructure efficiencies. According to a 2004 UN report, "The concentration of population and enterprises in urban areas greatly reduces the unit cost of piped water, sewers, drains, roads, electricity, garbage collection, transport, health care, and schools." In the developed part of the world, cities are Green mainly because they reduce energy use, but in the developing world, the primary Greenness of cities lies in their ability, to draw people in and take the pressure off rural natural systems."[21]

---

[21] BRAND, St., 2010, S. 67 f.

Im beruflichen Alltag heutzutage nimmt der Mensch die Natur allenfalls als reliktisches Attribut einer künstlich gestalteten Umwelt wahr. Und auch wenn es sich nicht um einen Bürojob handelt: Im Hinblick auf ihre Naturnähe sind die meisten Berufe dem Grunde nach vergleichbar, nämlich naturfern. Vergleichbares gilt für eine große und zunehmend wachsende Zahl der Freizeitbeschäftigungen.

Es ist in der Tat so, dass die Wahrnehmung von Natur nur noch ausnahmsweise erfolgt. Und dann bleibt es häufig bei einer flüchtigen Begegnung. Gegenstand sind dabei dann in der Regel Pflanzen oder Tiere, die nicht zur natürlichen Flora oder Fauna der Region gehören. Die Berührung oder gar die Auseinandersetzung mit der freien Natur im Sinne eines persönlichen Beitrages zum Lebensunterhalt stellen schließlich die Ausnahme dar. Dies gilt auch weitgehend für die Menschen, die Natursport betreiben. Ihre Aufmerksamkeit richtet sich auf die Ausübung ihrer sportlichen Tätigkeit und besteht nicht einmal ansatzweise in einer intensiveren Befassung mit den natürlichen Elementen ihrer „Sportstätte".

Natur ist wenig beachtete Kulisse geworden. Das Leben des Menschen im 21. Jahrhundert spielt überwiegend in artifiziellen Ambienten. Im Endeffekt bedeutet dies aber auch, dass sie sich den Einflüssen der Natur auf ihr Leben, den positiven wie negativen, weitgehend entzogen haben. Die Städte sind schon heute Zentren der memetischen Evolution geworden.

Ein vorläufiges Extrem einer artifiziellen Umgebung stellt die Internationale Raumstation ISS dar. Hier leben Menschen in einer für sie absolut lebensfeindlichen Umwelt, geschützt durch ein paar Tonnen Materials der nichtbelebten Natur und angereichert durch Lebenserhaltungssysteme, die dem Genius der memetischen Evolution entsprungen sind. Vergegen-

wärtigt man sich im Vergleich hierzu den tropischen Regenwald, in dem nach herrschender Meinung die Wurzeln der
Menschheit liegen, dann kommt man nicht umhin, dem Menschen einen ungeheuren Expansionsdrang zu attestieren.
Einen Expansionsdrang, der auch an den Grenzen des Planeten nicht verharrt.

Abschließend ist hier noch anzuführen, dass zwischenmensch-
liche Kontakte heute zunehmend unpersönlich über elektronische Medien erfolgen, und sich immer mehr Menschen
über diese Medien in virtuellen Welten bewegen, insbesondere auch zur spielerischen Entspannung und zur Unterhal-
tung.

4.5.2 Digitale Welten

Die Digitalisierung unserer Welt schreitet schnell voran. Dabei
ist sie mehr als lediglich eine Zeiterscheinung. Sie ist inzwischen prägendes Element der jungen Generation, der soge-
nannten Digital Natives[22]. Diese Menschen sind in das digitale
Zeitalter hinein geboren und haben signifikant andere Einstellungen und Erwartungen, als ihre Vorgängergenerationen. Die
technischen Möglichkeiten und die Bereitschaft, diese aus
einem Grundverständnis heraus zu nutzen, werden die
memetische Evolution weiter stark beschleunigen.

Unser Planet selbst ist von einem unsichtbaren (virtuellen)
Koordinatennetz überzogen. Unser Handeln, das zunehmend
digital abgebildet wird, lässt sich leicht in dieses Netz einord-
nen. Wir hinterlassen darin deutliche elektronische Fußspuren – Fußspuren, die man bezüglich des dahinter liegenden

---

[22] Vgl. hierzu PRENZKY, M. 2001.

Verhaltens und seiner Motive hervorragend interpretieren und insbesondere in den Dienst ökonomischer Interessen stellen kann. Zweifellos gibt es Einschränkungen, was die Vernetzung der einzelnen Daten angeht. Auf der anderen Seite werden datenschutzrechtliche Bestimmungen, im Einzelfall sicher mit guten Gründen, immer wieder gelockert. Ganz zu schweigen von Akteuren, die sich ohnehin nicht an Recht und Ordnung orientieren.

Dabei beschränkt sich die Digitalisierung unserer Welt nicht auf die Konstruktion eines digitalen, vierdimensionalen (weil mit der Zeit verknüpft) Koordinatensystems, auf das unsere Aktivitäten immer vollständiger und mit den vielfältigsten Attributen abgebildet werden können. Vielmehr entstehen auch virtuelle Räume, die uns ohne Ortsveränderung Zutritt zu grundsätzlich beliebig vielen Orten ermöglichen – virtuelle Realitäten. Schließlich zu Orten, die in der Realität überhaupt nicht existieren – virtuelle Virtualitäten.

Ein Urteil darüber, ob diese Entwicklung nun gut ist oder schlecht, ist nicht möglich. Wichtig ist die Feststellung, dass die Digitalisierung Grundlage für die mehr oder weniger reibungslos verlaufende Steuerung des Zusammenlebens in unserer menschlichen Gesellschaft sowie deren Beziehungen zur Natur geworden ist. Diese Bedeutung wird sich in Zukunft weiter verstärken. Dadurch werden Gestaltungsräume erschlossen werden, die Quantensprünge jenseits derer nichtmenschlicher Lebewesen, aber auch der ursprünglichen organischen Begrenzungen der Menschen liegen. Diese Entwicklung birgt selbstverständlich Chancen wie Risiken. Dem Grunde nach ist sie vergleichbar mit der Epoche, in der sich die Schrift als Speichermedium durchgesetzt hat. Wie vielen bedeutenden Erzählungen, die seinerzeit von Mund zu Mund

weiter gegeben wurden, mag der Schritt in die Schriftlichkeit
nicht gelungen sein? Wie viele damit verbundenen Erfahrun-
gen, Erkenntnisse und Werte mögen dadurch der Vergessen-
heit anheim gefallen sein? Vergleichbares geschieht heute.
Vieles findet den Weg in die elektronischen Speichermedien
nicht und die Halbwertzeit des binären Gedächtnisses scheint
kürzer zu sein als die des schriftlich-analogen. Es wird daher in
Zukunft mehr denn je darauf ankommen, sich dieser Risiken
ständig bewusst zu sein und die zweifellos vorhandenen reichen Chancen konsequent zu nutzen.

4.5.3 Gentechnik

Die Menschheit schickt sich an, durch die Gentechnik unmittelbar in die Baupläne des Lebens einzugreifen. Ein Prozess,
der ebenso ungeahnte Chancen wie Risiken birgt und der in
Gesellschaften, die traditionale Autoritäten und Wertesyste-
me hinter sich lassen, erneut die Frage nach ethischen
Grundsätzen aufwirft. Es wird nicht mehr lange dauern, so
werden wir nicht mehr wissen, in welchem Maße ein Lebewesen natürlicher oder artifizieller Genese ist. Natürliche und
künstliche Erbinformationen werden sich bis zur Unkenntlich-
keit überlagern. Dies wird unter Umständen auch für den
Menschen gelten.[23]

---

[23] Vgl. hierzu: DREWERMANN, E., 2009, S. 166:„ ... und wenn wir
bedenken ... dass die Gentechnik mit noch immer größerer Geschwindigkeit so weiter gehen wird, dann wird es unvorstellbar,
was wir in Jahrhunderten und Jahrtausenden alles werden machen können. Dass wir theoretisch irgendwann die Möglichkeit
haben, den Menschen noch mal ganz neu zu formen, steht außer
Zweifel."

Aber schon bevor dies beim Menschen der Fall ist, verhalten sich Teile der Menschheit bezüglich ihrer Regeneration grundsätzlich anders als in der Natur üblich. Während diese stets und ständig, und dies gerade unter widrigsten Bedingungen, mit Macht Leben an neue Generationen weitergibt, reichen menschliche Paare insbesondere in modernen Gesellschaften nur noch ausnahmsweise Leben weiter. Sie machen die Bereitschaft hierzu zunehmend vom Vorliegen bestimmter persönlicher, sozialer und wirtschaftlicher Bedingungen abhängig.

In jüngster Zeit tritt hierzu proportional zur Entwicklung der Gentechnik und der daraus entwickelten Diagnostik als weiteres Kriterium die Beurteilung der genetischen Qualität der befruchteten Eizelle. Noch bevor überhaupt gezielt in die menschlichen Lebensbaupläne eingegriffen werden kann, können im Falle der In-vitro-Befruchtung durch Präimplantationsdiagnose genetisch bedingte Defekte des Präembryos ausgeschlossen werden. Erstreckt man die Diagnose auf das gesamte Genom, ist der Schritt zum Vorläufer des „Designerbaby", das dann aus den in diesem Fall üblichen sechs bis acht befruchteten Eizellen ausgewählt werden kann, nicht mehr weit.[24]

Inzwischen ist es möglich, selbst unbefruchtete menschliche Eizellen auf genetische Schäden (in diesem Falle allerdings nur der mütterlichen Komponente) hin zu untersuchen. Eine unbefruchtete menschliche Oozyte wird nach herrschender Meinung nicht als menschlicher Embryo angesehen. In die-

---

[24] Vgl. hierzu: FUKUYAMA, F., 2002.

sem Fall würden selbst die gegen die Präimplantationsdiagnose vorgetragenen moralischen Einwände entkräftet.[25]

Bereits die zuletzt dargestellte Entwicklung ist ein Beleg dafür, wie weit sich der Mensch von natürlichen Reproduktionsstrategien und -mechanismen entfernt. Durchaus denkbar erscheint in der (ferneren?) Zukunft die biologische Entkoppelung der menschlichen Reproduktion. Es soll bereits heute grundsätzlich möglich sein, einen Menschen in einer künstlichen Gebärmutter heranwachsen zu lassen.[26] In Verbindung mit der Übertragung der Sozialisation jungen Lebens auf gesellschaftliche Träger entstünden hier völlig neue Freiräume für das Rollenverständnis von Frau und Mann. Beide ließen ihre genetisch programmierten Identitäten zurück und könnten sich quasi geschlechtslos in den Dienst der memetischen Evolution stellen. Hierbei erhebt sich allerdings die Frage, ob die Menschheit eine solche Entwicklung überstehen kann und welche wissenschaftlichen, psychischen, sozialen, ethisch-moralischen und politischen Herausforderungen damit einhergehen.

Zumindest bemerkenswert ist in diesem Zusammenhang, dass die Entscheidung über die Akzeptanz der genetischen Disposition der Kinder zunehmend in die Hände der Eltern übergeht und nicht etwa staatlicher Verantwortung anvertraut bleibt, wie überhaupt die moralisch-ethische Auseinandersetzung mit diesen Fragen bisher kaum spürbar eingesetzt hat.

---

[25] Vgl. hierzu: BISHOP, J. E., WALDHOLZ, M., 1996, S. 370 ff.

[26] LINKE, D., 2000, S. 11.

4.5.4 Künstliche Intelligenz

Querschnittig wirksam im Rahmen der memetischen Evolution ist die Entwicklung beim Erkenntnisgewinn. In deren Zent-
rum steht heute die Durchdringung unseres Lebens durch die
elektronische Datenverarbeitung und -speicherung. Während
die Generation aus der Mitte des vergangenen Jahrhunderts
Personal Computer überwiegend als praktisch-nützliche Be-
gleiter in vielen Lebensbereichen angenommen hat, prägen
moderne soziale Medien beachtlicher Vielfalt die Lebenswirklichkeit der jungen Menschen von heute dagegen umfassend.
Sie entführen, beinahe suchterzeugend, nicht nur spielerisch
in phantastische virtuelle Welten, sie erschließen auch bisher
nach Quantität und Qualität unbekannte Informationsange-
bote und Kommunikationsmöglichkeiten. Insgesamt hat sich
die Lebenswirklichkeit der heutigen Nachwuchsgeneration im
Vergleich zu der früheren schon jetzt signifikant verändert. So
nennt PRENZKY[27] die nach 1984 geborenen Kinder „Digital
Natives" im Gegensatz zu den davor geborenen „Digital Immigrants" und führt aus:

> „Today's students have not just changed *incrementally* from
> those of the past, nor simply changed their slang, clothes, body
> adornments, or styles, as has happened between generations
> previously. A really big *discontinuity* has taken place. One might
> even call it a "singularity" – an event which changes things so
> fundamentally that there is absolutely no going back. This so-
> called "singularity" is the arrival and rapid dissemination of digi-
> tal technology in the last decades of the 20th century."

Dabei stehen wir erst am Anfang dieser ausgesprochen dynamischen Entwicklung. Die beachtlichen Fortschritte auf

---

[27] PRENZKY, M., 2001 Vgl. hierzu kritisch SPITZER, M., 2012, S. 204 ff.

dem Weg zur künstlichen Intelligenz werden dazu führen,
dass sich nicht nur auf natürlichem und auf artifiziellem Weg
erschlossene Erkenntnisse überlagern, sondern es werden
auch Wissensräume jenseits unserer kognitiven Fähigkeiten
etabliert werden, an denen wir nur mittelbar und dann vermutlich nur durch Eliten werden partizipieren können. In der
Folge werden wir möglicherweise bald nicht mehr unter-
scheiden können, ob wir eine Erkenntnis einem menschlichen
Gehirn oder der Software eines autonomen Agenten verdan-
ken.

4.5.5 Hybridmenschen
Biotechnik und Informationstechnologie könnten künftig in
sich ergänzender Wirkung die Leistungsfähigkeit der Menschen erheblich steigern. Nach BÖHRET[28] enthält das biotronische Szenario u.a. folgende Entwicklungsfelder:

„- Neuro-Prothesen werden Seh-, Hör- und Gehbehinderungen
minimieren. Im Grunde sind wir ja schon längst ‚hybride Lebewesen' (von der künstlichen Hüfte über Herzschrittmacher
zu transplantierten innerem Organen).

- Deshalb sind dann Bio-Chips und Bio-Speicher nur Fortsetzun-
gen auf neuer stofflicher Basis. Mit deren Hilfe könnten
Kenntnisse (wie Verkehrsregeln) und Fertigkeiten einfacher
Art (wie von ‚Gebrauchsanweisungen) direkt in Personen
übertragen und von denen abgerufen werden. Implantierte
Biochips und Biospeicher dürften die bedarfsgesteuerte medi-
kamentöse Selbstversorgung übernehmen, indem z.B. genau
dosierte Botenstoffe zum richtigen Zeitpunkt an die richtigen
Stellen des Körpers gelangen. Es ist einleuchtend, dass Miss-
brauch betrieben werden kann, weshalb elektronische Zu-

---

[28] BÖHRET, C., 2005, S. 18.

gangs- und Kontrolltechniken vonnöten sind (e-Governance II)."

So unwahrscheinlich die vorstehende Aussage vielleicht aus heutiger Sicht auch erscheinen mag, so wenig kann ausgeschlossen werden, dass in dem so bezeichneten Hybridmenschen Gen-, Bio- und Informationstechnologie eine Symbiose eingehen, die den Menschen (handelt es sich dann noch um einen Menschen?) nach seiner Lösung von der genetischen Evolution über die memetische Evolution hinaus auf ein neues, wiederum grundsätzlich anderes Niveau hebt.

4.5.6 Menschenähnliche Automaten

Das bereits erwähnte biotronische Szenario[29] beschreibt in diesem Zusammenhang folgendes Entwicklungsfeld:

> „Die Ergänzung bisher durch Personen erbrachter Leistungen durch die Neo-Roboter. Es ist begründet zu vermuten, dass eine neue Stufe der Roboterisierung bevorsteht: von halbintelligenten, partiell lernfähigen ,Mechanikern' bis zu Nano-Botern und künstlichen Kreaturen. Solche elektronischen Agenten werden immer häufiger für routinisierbare, unangenehme und gefährliche Arbeiten eingesetzt, aber auch zur Warenbelieferung. Sicher auch (wie schon in Japan), bei der Gesundheitsversorgung, speziell im Pflegebereich, mit der Chance zur unabdingbaren Erweiterung der Selbständigkeit im Alter."

Besonders bemerkenswert ist in diesem Zusammenhang die digitale Schnittstelle von Hybridmenschen und menschenähnlichen Automaten. Sie ermöglicht gleich einer gemeinsamen Sprache eine wirkungsvolle, unmittelbare Verständigung.

---

[29] A.a.O. S. 18.

4.5.7 Ausblick

Die vorstehende Betrachtung führt vor Augen, mit welcher Gestaltungskraft die memetische Evolution im Menschen wirksam ist. Diese erstreckt sich ganz besonders auf das Erschließen von Handlungsräumen jenseits der körperlichen Begrenzungen des Menschen. Sie muss daher als eigenständige Triebkraft menschlichen Handelns betrachtet werden. Nur so können die schwierigen und verflochtenen Entwicklungen menschlicher Gesellschaften verstanden und gesteuert werden.

Der Mensch bewegt sich als Folge der memetischen Evolution weit jenseits des natürlichen Gleichgewichts. Um diesen Zustand aufrecht zu erhalten, bedarf es eines gewissen Energiedurchflusses. Wird dieser notleidend, dann bricht der memetisch grundgelegte Teil der menschlichen Lebenswirklichkeit rasch zusammen.

4.6 NATUR

Derzeit besteht kein einheitlicher Naturbegriff. Vielmehr wird „Natur" parallel etymologisch, philosophisch, naturwissenschaftlich, gesellschaftlich oder theologisch interpretiert.[30] Hier wird ein philosophischer Ansatz gewählt und unter Natur das verstanden, was das Wesen eines Seienden ist.[31]

Angewendet auf die Erscheinungen unseres Planeten Erde kann man folgende Gliederung vornehmen:

---

[30] VOGT, M., 2013, S. 25.

[31] Vgl. hierzu: BRUGGER, W., 1986 S. 256.

Unbelebte Natur: Ihr Wesen wird geprägt von Vorgängen der materiellen Evolution.

Belebte, nicht-menschliche Natur: Ihr Wesen wird ganz wesentlich geprägt von Vorgängen der genetischen Evolution.

Menschliche Natur: Ihr Wesen wird geprägt von Vorgängen sowohl der genetischen als auch und mit wachsenden Anteilen der memetischen Evolution.

4.6.1 Lebensinteresse

Ein herausragendes Merkmal der belebten Natur ist, Leben in seiner jeweiligen Ausprägung über den individuellen Tod hinaus zu bewahren. Ursächlich für dieses wirkmächtige Lebensinteresse ist das Gen[32], das ohne Unterlass alle denkbaren Möglichkeiten seiner Reproduktion ausschöpft. In Verbindung mit Variation und Selektion entstand und entsteht dabei generationengetaktet die Vielfalt irdischen Lebens.

Wesentlich beim Menschen ist neben das Gen das Mem getreten. Letzteres unterliegt ebenfalls einem ungeheuren Lebensinteresse. Es hat sich im Gegensatz zum Gen von der Generationentaktung befreit und verbreitet sich so, kaum gehemmt, inzwischen insbesondere über die modernen digitalen Medien. Wer Menschen heutzutage beobachtet, erkennt sehr leicht, wie erfolgreich Meme die Menschen in die Pflicht nehmen, sie mit großer Energie und beachtlichem Zeitaufwand etwa qua Smartphone zu verbreiten.

Auseinandersetzungen, ob das Lebensinteresse von Tieren oder Menschen durchgängig oder nur zeitweise vorhanden

---

[32] Vgl. hierzu: DAWKINS, R., 1994, S. 52 ff.

45

ist, erübrigen sich.[33] Das Lebensinteresse lebender Wesen wurzelt von Beginn an in deren Genen. Daher kann man weder einem Fötus oder einem Neugeborenen, ja nicht einmal einer befruchteten Eizelle ein solches absprechen. Beim Menschen wurzelt das Lebensinteresse zusätzlich in seinen Memen und reicht damit über die Phase der Reproduktionsfähigkeit hinaus.

Bleibt die Frage, was dem Lebensinteresse hinterliegt. Diese Frage kann weder für die genetisch noch die memetisch geprägte Evolution beantwortet werden. Ein bemerkenswerter Unterschied besteht allerdings: Während für die genetisch geprägt Evolution durch Menschen kein Ziel erkannt werden kann, ist dies für die memetisch geprägte der ergebnisoffene Erkenntnis- und Erfahrungsgewinn, der zu einem wachsenden Verständnis der Rahmenbedingungen unseres Daseins führt. Ihm hinterliegt der kollektiv repräsentierte Wunsch, die Urgründe unserer Existenz zu erschließen. Sollte dieser gesamtgesellschaftlich aufgegeben werden, würde das memetisch begründete Lebensinteresse grundsätzlich geschmälert, vielleicht sogar erlöschen. Denkbar wäre in diesem Zusammenhang, dass das memetisch geprägte Desinteresse an der Fortführung menschlichen Lebens auch das genetisch wirksame überlagern könnte.

---

[33] Vgl. hierzu aus einer anderen Perspektive zusammenfassend: LEIST, A., 2013, S. 51 ff.

5 DER MEMETISCHE PFAD

An der Schnittstelle der genetischen und der memetischen Evolution entstehen viele für den Fortbestand der Menschheit kritische Situationen. Diese können nicht durch eine Rückeingliederung der Menschen in natürliche Kreisläufe gelöst werden. Erfolgversprechender ist das Beschreiten des memetischen Pfads. Pfad deshalb, weil er sich im Geflecht des memetisch durchdrungenen genetischen Netzes erst zart andeutet. Insofern ist hier von einem neuen Paradigma die Rede. Diesem liegt die Erkenntnis zu Grunde, dass, wie bereits vielfach angedeutet, beim Menschen neben die genetische, die memetische Evolution getreten ist. Angesichts ihrer rasant zunehmenden Wirkmächtigkeit kann man in diesem Zusammenhang auch von der memetischen Revolution sprechen. Chancen und Risiken etwa von Bio- und Gentechnik sind gerade im Entstehen und werden die Menschheit vor große, nicht zuletzt auch ethische Herausforderungen stellen..

Meilensteine des künftigen Wegs werden sein die

- Entflechtung von Mensch und insbesondere belebter, nicht-menschlicher Natur.
- Erschließung transglobaler Welten.

5.1 DIE ENTFLECHTUNG VON MENSCH UND NATUR

Wie bereits ausgeführt, verlaufen genetische und memetische Evolution mit grundsätzlich unterschiedlichen Geschwindigkeiten. Erstere individuell, körperbezogen und generationengetaktet, letztere körperfliehend, gesellschaftlich und durch Hilfsmittel wie elektronische Datenverarbeitung und künstliche Intelligenz beflügelt. Es liegt auf der Hand, dass hier eine Umkehr der Entwicklung zurück in die Bahnen der genetischen Evolution nicht mehr möglich ist. Vergleichbar ist diese Situation etwa mit dem Auftreten des genetisch programmierten Lebens, welches sehr wirkmächtig in die bis dahin alleine herrschende materielle Evolution eingriff. Von herausragender Bedeutung waren hierbei die Cyanobakterien, die vor etwa 2,5 Milliarden Jahren durch eine massenhafte Produktion von Sauerstoff die Erde oxidierten, dieses Molekül in der vormals sauerstofflosen Atmosphäre anreicherten und damit grundlegend andere Lebensbedingungen schufen, als vorher bestanden.

In vergleichbarer Weise erzeugt die memetische Evolution grundsätzlich andere Lebensgrundlagen für einen Teil der irdischen Lebewesen, nämlich die Menschen. Diese sind gekennzeichnet durch künstliche Umgebungen, die zunehmend die Lebenswirklichkeit der Menschen prägen. Dabei entstehen immer wieder Spannungen zum natürlichen, nicht-menschlichen System, welche die Nachhaltige Entwicklung der Menschheit beeinträchtigen oder gar gefährden können. Angesichts der Wirkmächtigkeit der memetischen Evolution erscheint es sinnvoll und zweckmäßig, dass die Menschheit ihre Beziehungen insbesondere zur belebten, nicht-menschlichen, aber auch zur unbelebten Natur überdenkt. Ziel sollte dabei sein, die Voraussetzungen für eine wirksame Entflechtung von Mensch und nicht-menschlicher Natur zu schaffen. Diese wird hier unter drei Blickwinkeln betrachtet:

- Räumliche Entflechtung

- Energetische Entflechtung

- Geistige Entflechtung

48

5.1.1 Räumliche Entflechtung

Nachstehend wird in Verbindung mit der räumlichen Entflechtung der Menschheit von der Natur die Stadt als künftiger zentraler Ort der memetischen Evolution dargestellt.

5.1.1.1 Eine kurze Geschichte der Stadt

Die Erscheinung Stadt ist nur denkbar im Zusammenhang mit einer Landwirtschaft, die so ergiebig ist, dass Menschen aus der unmittelbaren Beschäftigung mit dem direkten Nahrungserwerb frei gesetzt werden können. Insofern sind Städte eine Folge der Neolithischen Revolution.

Das Leben in der Stadt unterscheidet sich grundsätzlich von dem auf dem Land. Die städtischen Rahmenbedingungen fördern in besonderer Weise den Fortgang der memetischen Evolution.

Als erste Stadt gilt Jericho.[34] Ihr wird allerdings nur vorstädtischer Charakter zugesprochen, da wesentliche städtische Strukturen fehlten.

Der Übergang von dörflichen zu städtisch geprägten Strukturen erfolgte etwa 3000 v.Chr. In diesem Sinne älteste Städte sind Theben, Memphis, Uruk, Harappa und Mohenjo-Daro. Diese Städte waren häufig Zentren großer Gebietsherrschaften mit straffer Verwaltungs- und Militärorganisation, Hof-, Tempel-, Handels- und Gewerbezentralen, Geld- und Planungswirtschaft.

Ab etwa 700 v.Chr. entstand die griechische Stadtkultur. Bevorzugte Standorte waren Hügellagen und Zugang zum Meer,

---

[34] Die nachstehenden Ausführungen greifen auf BROCKHAUS, 1993, Bd. 21, S. 46 ff. sowie JESSEN, J. 2004, S. 602 ff. zurück.

welche die Ausgangspunkte der sich bildenden griechischen Stadtstaaten (Polis) waren. Im Zuge der Kolonisation entstanden vor allem an der kleinasiatischen Küste Hafenstädte. Diese wurden unregelmäßig, dem Gelände angepasst und keinem geometrischen Plan folgend aufgebaut. Ab etwa 450 v.Chr. wurden die Stadtgründungen im Mittelmeerraum in Anlehnung an das von Hippodamos beim Wiederaufbau von Milet in Kleinasien entwickelte geometrische Straßenraster errichtet. Grundlage war ein Gitternetzplan des Straßennetzes mit Freiflächen in 26 Blöcken für öffentliche Plätze und Gebäude wie Theater, Bäder, Stadion und Tempel.

Die römische Stadt breitete sich ab Ende des 4. Jahrhunderts v.Chr. über das westliche und mittlere Europa aus. Sie war, beeinflusst sowohl von griechischen als auch etruskischen Städten, streng geometrisch orientiert. Das Hauptstraßennetz mit der Hauptverkehrsachse und der zweiten Hauptstraße war nach den Himmelsrichtungen ausgerichtet. In der Mitte der Stadt lagen das Forum sowie größere Gebäude.

Mit dem Ende des römischen Reichs ging auch die antike Stadtkultur nieder. Im Westen als Folge der Völkerwanderung schneller als im Osten.

Viele europäische Städte des Mittelalters knüpften an die römische Tradition an. Häufig entstanden aber auch neue Städte in unmittelbarer Nähe von zerstörten römischen Städten. Wichtige Keimzellen europäischer Städte waren jedoch die entlang der Heer- und Handelsstraßen angelegten Burgen oder Pfalzen sowie die Domburgen der Bischofssitze oder Klosteranlagen. Der Typ der vielgliedrigen und –gestaltigen frühmittelalterlichen Mutterstadt hat sich bis etwa 1450, ausgehend vom Maas-Schelde-Raum über das Rheinland bis in die Ostmarken an Elbe, Saale, Main und Donau ausgebildet.

Die Individualität der mittelalterlichen Stadt fand in ihrem typischen räumlichen Aufbau, der durch Stifts- und Pfarrkirchen, Burg, Rathaus, Bürgerhäuser sowie Mauern geprägt war, ihren Ausdruck. Besondere Merkmale waren die zentralen Markt- und Platzanlagen sowie die von innen nach außen abnehmende Höhe und Dichte der Bebauung. Häufig änderten die mittelalterlichen Städte ihre Form durch Erweiterungen.

Die besondere Leistung der mittelalterlichen Stadt bestand im Aufbau einer umfassenden Markt- und Verkehrswirtschaft mit Austausch von Luxus- und Massengütern über weite Entfernungen, in der Konzentration von Handel und Gewerbe, in der planmäßigen Wirtschaftspolitik, in der wirtschaftlichen Beherrschung des Umlandes und der Erschließung neuer Absatzräume.

Die Stadtentwicklung erreichte in Mitteleuropa um 1450 einen gewissen Abschluss. Die Zahl der Neugründungen ging von da an bis etwa 1800 deutlich zurück. Kennzeichnend für die Stadt der frühen Neuzeit war das sich verändernde Verhältnis zum Staat. Der entstehende moderne Staat, der auf die Steuerleistung der Städte immer stärker angewiesen war, drängte seit dem 15. Jahrhundert die Selbstverwaltung der Städte zurück, indem er ihre Autonomie beschnitt und sie stärker in den Staatsverband einband. Die Stadt wurde Amts- und Verwaltungssitz im institutionellen Flächenstaat.

Die Stadt der frühen Neuzeit bewahrte viele Strukturen der mittelalterlichen. Es gab jedoch bedeutende neue Einflüsse, wie die auf Grund der Erfindung des Schießpulvers veränderte Waffentechnik. Diese führte zu einem Ersatz der mittelalterlichen Ummauerung durch neue, komplizierte, große Flächen beanspruchende Befestigungssysteme mit Außenwerken,

Vorsprüngen und Bastionen. Dies hatte eine starke horizontale Betonung im Städteneubau zur Folge.[35]

Idealtyp der Renaissence-Stadt war in Deutschland das 1606/1607 nach dem Zitadellenkopfschema angelegte Mannheim, das in die beiden selbständigen Baukörper Zitadelle und Bürgerstadt gegliedert war. Das kreisförmig angelegte Innenfeld der sternförmigen Zitadelle wurde um einen großen, freien Alarmplatz in ein System rautenförmiger Baublöcke aufgeteilt. Die ebenfalls befestigte Bürgerstadt wurde dagegen in rechteckige Baublöcke gegliedert. Zu den Merkmalen der Renaissence-Stadt zählten auch die durchlaufenden waagrechten Dachlinien und die Wiederholung einheitlicher Elemente in der Fassadenstruktur.

In der Barock-Stadt trat zu der systematischen Ordnung der Stadtfläche nach geometrischen Figuren noch die Ausrichtung der Grundrissstruktur auf die Schlossanlage des absolutistischen Fürsten, wie dies in Karlsruhe verwirklicht ist.

Das heutige Städtebauwesen in den Industriestaaten basiert zum erheblichen Teil auf den im 19. Jahrhundert entstandenen Industriestädten, mit deren Entwicklung auch der allgemeine Verstädterungsgrad zunahm. Voraussetzung hierfür waren die Neuordnung der Gesellschaft in den bürgerlichen Revolutionen, liberale Agrarreformen, Gewerbefreiheit, Industrialisierung und die Revolutionierung der Verkehrsverhältnisse. Vorreiter dieser Entwicklung war Großbritannien.

In Deutschland begann eine durch Industrialisierung und Verkehrsentwicklung beeinflusste bedeutende Flächenexpansion

---

[35] Vgl. hierzu: BÜLLESBACH, R. et al., 2013.

der Städte etwa um 1820, in verstärktem Maße erst in den
Gründerjahren. Die Stadtentwicklung war in den sich rasch
entwickelnden Industriestädten sowie auch in den Städten,
die als Verkehrsknotenpunkte im neuen Eisenbahnnetz eine
besonders starke Entwicklung erfuhren, wie Berlin, Hamburg,
München, Leipzig und Frankfurt am Main, zum erheblichen
Teil in Gestalt der stark verdichteten Mehrfamilien-
Mietshausbauweise gekennzeichnet. Letztere wurde begüns-
tigt durch die Bau- und Bodenspekulation, große Terrainge-
sellschaften, die Entwicklung des Bankwesens sowie die revo-
lutionäre Entwicklung des technischen Städtebaus insbesondere auf dem Gebiet des städtischen Tiefbaus. Bedeutsam
waren in diesem Zusammenhang die Druckwasser- und Gas-
versorgung, Abwasserbeseitigung und die Straßenplanung.

Zu Beginn des 20. Jahrhunderts waren der Städtebau und die
Stadtentwicklung erheblich von der Gartenstadtbewegung
geprägt. Diese gründet auf dem 1898 von Sir Ebenezer Ho-
ward entworfenen Modell, das eines der ersten funktionalen
Gestaltungskonzepte im Städtebau bildet. Zu den Gestal-
tungsmerkmalen gehörten neben Gärten und Parks sowie
einer geringen Wohndichte auch eine planmäßige, durch Ra-
dial- und Ringstraßen gekennzeichnete Gliederung, eine Auf-
teilung in Nachbarschaften, die Versorgung mit Arbeitsplät-
zen und zentralen Einrichtungen, ein tangentialer Anschluss
an die Eisenbahn sowie das öffentliche oder gesellschaftliche
Eigentum an Grund und Boden.

Nach dem Weltkrieg II änderten sich die Stadtleitbilder in
rascher Folge. Bis Ende der 60er Jahre erfolgte zunächst der
Wiederaufbau in Verbindung mit großen Stadterweiterungen.
Danach setzte eine kurze Phase der integrierten Stadtent-
wicklungsplanung ein. Sie war geprägt von einer hohen Rati-

onalität der Planungen durch den Einsatz wissenschaftlicher Verfahren der Prognosen und Bedarfsermittlung. Die Wirksamkeit von Leitbildern ging vor diesem Hintergrund unter.

Seit den 90er Jahren ist ein Wiederaufleben städtischer Leitbilder zu beobachten. Diese sind übergreifend in das Konzept der Nachhaltigkeit, welches über Agenda-21-Prozesse auf örtlicher Ebene präzisiert wird, eingebettet. Auf der Ebene der Raumordnung und Regionalentwicklung fand das Prinzip der Nachhaltigkeit seinen Niederschlag im Leitbild der dezentralen Konzentration. Bezogen auf die Ebene der Stadtentwicklung und des Städtebaus setzte sich das Leitbild der kompakten und durchmischten Stadt durch, welches für München am prägnantesten formuliert ist, nämlich „Kompakt, urban, grün".

Merkmale der kompakten durchmischten Stadt sind

- eine hohe Baudichte im Gegensatz zur dispersen Stadtentwicklung

- die Nutzungsmischung im Gegensatz zur Monofunktionalität

- öffentliche Räume wie belebte Erdgeschoßzonen, Straßenräume und Plätze gegen die Tendenz der Privatisierung öffentlicher Räume, ihres Funktionsverlustes und der Erosion sozialer Kontrolle

- ökologisch aufgewertete Räume zur Verbesserung der Aufenthaltsqualitäten.

5.1.1.2 Zwischenfazit
Der kurze Überblick über die Geschichte der Stadtentwicklung zeigt zwei grundsätzliche Kristallisationspunkte auf:

1. Die Entstehung der Siedlungsform Stadt wurde durch die Neolithische Revolution, also den Übergang zur landwirtschaftlichen Bodennutzung, ermöglicht. Erst hierdurch konnte die Nahrungsmittelproduktion so effizient und effektiv gestaltet werden, dass nicht mehr alle Menschen dafür gebunden waren. So entstand in der Fortfolge in den Städten der Freiraum für Spezialisierungen zur wirksamen Überwindung der körperlichen Begrenzungen des Menschen.

2. Einen weiteren mächtigen Impuls erhielt die Stadtentwicklung im Gefolge der industriellen Revolution. Hierdurch konnte der menschliche Einsatz zur Versorgung mit körpereigener (somatischer) Energie nahezu marginalisiert werden, wodurch weiterer Raum zur Entwicklung von Produkten entstand, die eine Lebensgestaltung sehr weit jenseits der körperlichen Begrenzung der Menschen ermöglichen. Insbesondere ist hier an den Dienstleistungssektor zu denken.

Heute erhält die Stadtentwicklung als Folge der fortgeschrittenen memetischen Evolution einen weiteren mächtigen Impuls. Städte werden in Zukunft zentrale Orte der menschlichen Lebenswirklichkeit sein.

5.1.1.3 Ein Leitbild für die Stadt
Bei den nachstehenden Überlegungen handelt es sich nicht um solche der Entwicklung von Leitbildern für bestehende Einrichtungen. Diese werden in bewährter Weise im Zuge eines Gegenstromverfahrens zwischen Leitungsebenen und Betroffenen in einem Verhandlungsprozess entwickelt. Hier geht es um ein Leitbild für die Stadt der Zukunft, eine Stadt, die der Entwicklung der Menschheit unter den Rahmenbedin-

gungen der memetischen Evolution gerecht wird. Insofern wird dieses Leitbild nicht, wie oben geschildert, in einem breiten Beteiligungsverfahren, sondern abgeleitet aus Wirkungen der memetischen Evolution entwickelt. Gleichwohl gilt auch für dieses Leitbild, dass es schlussendlich

- handlungsleitend im Hinblick auf einen angestrebten Zustand und dabei

- wertevermittelnd

- hinriechend bestimmt und

- erreichbar

formuliert werden muss.

Die wirksame Entflechtung von Mensch und nichtmenschlicher Natur bedarf eines Schwerpunktes für die Weiterentwicklung der Menschheit innerhalb der Rahmenbedingungen der memetischen Evolution. Der zentrale Ort hierfür ist die städtische Verdichtung.

5.1.1.4 Die Stadt – der zentrale Ort der memetischen Evolution

Die mit der Bildung von Städten einhergehende Verdichtung menschlicher Aktivitäten schafft die Grundvoraussetzung für die Entlastung weiter Landschaftsteile von menschlichen Einflüssen. Gleichzeitig wird es dadurch möglich, effizientere und effektivere Stoffkreisläufe sowie hochwirksame Energiekaskaden einzurichten. Dabei kann auf diese Weise der Personen- und Güterverkehr spürbar verringert werden.

Als Folge der in den Städten vorhandenen Verdichtung können dort Maßnahmen zur Gewährleistung der Nachhaltigen Entwicklung in individueller oder gesellschaftlicher Verantwortung wesentlich leichter organisiert werden, als dies bei einer Streubesiedlung des Landes möglich ist. Von daher gedacht könnte eine wirkungsvolle Trennung von Gesellschaft und Staat dargestellt werden, bei der der Staat nur noch dann wirksam wird, wenn die gesellschaftlichen Kräfte den Anforderungen an die Nachhaltige Entwicklung nicht mehr gerecht werden.[36] Dass eine solche Selbstorganisation, zweifellos mit gewissen Einschränkungen, in Städten erfolgreich sein kann, belegen Vorgänge in den Megapolen unseres Planeten.[37]

Voraussetzung hierfür ist die Bereitschaft der Menschen, in solchen Räumen zu leben, und sofern dies nicht der Fall ist, dorthin zu wechseln. Dies hängt in erster Linie von der dort gegebenen Lebensqualität ab. Zweifellos müssen die abiotischen Rahmenbedingungen wie Luftqualität, Durchlüftung der Stadt, Attaktivität der Innen- und Außenarchitektur auf ebenso hohem Niveau angesiedelt sein wie die Ausprägung von Erholungs- und Freizeiteinrichtungen. Hochwertige Arbeitsplätze in angemessener Zahl müssen genau so zur Verfügung stehen wie eine gute soziale und medizinische Versorgung. Der Kultur- und Bildungsbereich muss zukunftsorientiert ausgebildet sein.

Angesichts der Wirkmächtigkeit der memetischen Evolution in Verbindung mit der Endlichkeit irdischer Ressourcen sowie den auf der Erde bestehenden Gefahren für die Fortführung der Menschheitsentwicklung sollte die Stadtentwicklung schließlich so erfolgen, dass deren Strukturen und Funktionalitäten grundsätzlich auch auf außerplanetare Siedlungsvorhaben übertragen werden können.

---

[36] Vgl. hierzu BOLZ, H.R., 2013, S. 198 ff.

[37] Vgl. hierzu BRAND; St:, 2010, S. 25 ff.

5.1.2 Energetische Entflechtung

Der Mensch ist aus dem Blickwinkel des Energieumsatzes in zweierlei Hinsicht mit der nicht-menschlichen Natur verbunden: Einerseits durch die zur Aufrechterhaltung der unmittelbaren Lebensfunktionen erforderliche körpereigene (somatische) Energie und andererseits durch die zur Überwindung seiner körperlichen Begrenzungen erforderliche körperfremde (extrasomatische) Energie. Der Bedarf nach beiderlei Formen steigt als Folge des globalen Bevölkerungswachstums sowie der energieverzehrenden Wohlstandsmehrung. Die Auswirkungen dieser Entwicklung auf die nicht-menschliche Natur sind beträchtlich.

5.1.2.1 Somatische Energie

Grundsätzlich unterscheidet sich der Mensch hinsichtlich des somatischen Energieumsatzes nicht von anderen Lebewesen. Von daher bedarf es auch keiner eigenen Begründung, wenn er zur Aufrechterhaltung seiner Lebensfunktionen andere Lebewesen, seien es nun Pflanzen oder Tiere, tötet. Angesichts der dynamischen Entwicklung werden allerdings zwei Aspekte tiefer betrachtet, nämlich der quantitative und der qualitative.

5.1.2.1.1 Quantitative Aspekte

Seit es Menschen gibt stellt die Versorgung mit genügend Nahrungsmitteln eine große Herausforderung dar. Auf dem Weg von den Sammlern und Jägern bis heute wurden große und insgesamt erfolgreiche Anstrengungen unternommen, um dem Ökosystem die erforderlichen Mittel abzuringen. Besonders bedeutsam war in diesem Zusammenhang der Übergang zur Landwirtschaft und daran anschließend deren Modellierung durch Bodenbearbeitung, Düngung, Beherr-

schen konkurrierender Fauna und Flora sowie Züchtung er-
tragreicher Pflanzen- und Tierarten. Hierdurch hat die
Menschheit intensiv in das globale Ökosystem eingegriffen. Es
zeichnet sich ab, dass diese Vorgehensweise ihre Grenzen
erreicht hat und der Druck auf die nicht-menschliche Natur
zurückgeführt werden muss. Dafür bestehen mehrere Möglichkeiten.

Durch eine entsprechende Bewusstseinsbildung, die erforder-
lichenfalls durch geeignete (rahmen-)rechtliche Regelungen
verstärkt werden könnte, kann darauf hingewirkt werden,
dass die produzierten Nahrungsmittel besser verwertet werden. Die zu beobachtende Vernichtung großer Mengen von
Lebensmitteln ist ein Beleg für diese Möglichkeit.

In gleicher Weise kann darauf hingewirkt werden, dass Menschen ihre Energieaufnahme auf das Maß beschränken, welches für eine ausreichende Versorgung ihres Körpers hinreichend ist. Die vielen Menschen mit Übergewicht sind zumindest ein Hinweis darauf, dass auch hier Gestaltungsmöglich-
keiten bestehen.

Die herkömmliche Landwirtschaft bewegt sich in einem Bereich, in dem zusätzliche Ertragssteigerungen mit erheblichen
Grenzkosten verbunden, teilweise kaum noch nennenswert
realisierbar sind. Im Sinne der Entflechtung von Mensch und
nicht-menschlicher Natur sind daher Anstrengungen zu un-
ternehmen, das Ertragsniveau der den Menschen als Nahrung
dienenden Pflanzen und Tiere durch eine gentechnische Modellierung zu erhöhen. Die dabei zweifellos bestehenden Risiken müssen ernst genommen werden. Sie dürfen jedoch nicht
die hier bestehenden Chancen für eine wirkungsvolle Entflechtung überlagern. Gerade auf diesem Wege könnten nämlich erhebliche Flächen, die bisher landwirtschaftlich genutzt

werden, frei und einer ursprünglich natürlichen Entwicklung anheim gegeben werden.

Schließlich ist die Erhöhung des Anteils synthetisch hergestellter Lebensmittel an der Diät des Menschen zu fördern. Auch hier bestehen natürlich Risiken, die jedoch wiederum die damit verbundenen Chancen nicht von vorne herein überlagern dürfen.

5.1.2.1.2 Qualitative Aspekte

Verglichen mit der Diät der Urmenschen verfügt die heutige Nahrung in Mitteleuropa über eine außergewöhnlich hohe Qualität. Dies betrifft sowohl das jeweilige Nahrungsmittel an sich als auch die Vielfalt der Speisen und Getränke. Ein Weiser für die hohen Qualitätsansprüche sind die jeweils angegebenen „Verfallsdaten". Auch lange danach sind viele solcher Produkte noch ohne nachteilige Folgen für die Gesundheit oder gar das Leben genießbar. Anstelle derer mit Kosten belasteten Vernichtung könnten beispielhaft hier durch die Senkung von Qualitätsansprüchen erhebliche Entlastungen auch für das Ökosystem erzielt werden.

Vergleichbares gilt auch für die Breite des Nahrungsangebotes. Es stellt sich tatsächlich die Frage, ob in dem heute verwirklichten Umfang Nahrungsmittel über erhebliche Entfernungen transportiert werden müssen, oder ob die Menschen nicht für eine gewisse Einschränkung auf regionale Produkte bei erheblichen Entlastungswirkungen für das Ökosystem gewonnen werden können.

Die Ansprüche an die quantitative wie auch qualitative Versorgung mit somatischer Energie wurzeln im gesellschaftlichen Wertesystem. Der Erfolg steuernder Eingriffe hängt daher davon ab, wie Grundeinstellungen der betroffenen Menschen verändert werden. Erst, wenn dies gelingt, wird sich auch deren Verhalten ändern.

5.1.2.2 Extrasomatische Energie

Durch den Einsatz extrasomatischer Energie zur Überwindung seiner körperlichen Begrenzungen unterscheidet sich der Mensch grundsätzlich von anderen Lebewesen. Er erreicht hierdurch eine Wirkmächtigkeit, die dazu geführt hat, dass einige Autoren ab 1750 n.chr. vom Zeitalter des Anthropozän[38] sprechen.

Angesichts der auf Dauer gesehen ständig wachsenden menschlichen Population in Verbindung mit steigenden Anforderungen an die persönliche und gesellschaftliche Daseinsgestaltung leuchtet unmittelbar ein, dass der Energiebedarf der Menschen auch in absehbarer Zukunft steigen wird.

Konsequent zu Ende gedacht ist die Versorgung der Menschheit mit extrasomatischer Energie die zentrale Herausforderung. Die menschlichen Gesellschaften bewegen sich als Folge des großen Energieeinsatzes weit entfernt vom natürlichen Gleichgewicht. Ein Verlust dieser Energieversorgung hätte kaum überschaubare Folgen.

5.1.2.2.1 Energiesysteme

Folgende Energiesysteme[39] werden derzeit von der Menschheit genutzt:

- Unmodellierte Solarenergiesysteme: Hierunter sind die Lebensgrundlagen zu verstehen, welche die nicht-

---

[38] CRUTZEN, P.J., 1999, S. 23.

[39] Vgl. hierzu SIEFERLE, R.P., 1982, S. 12 f.

menschliche Natur als solche zur Verfügung stellt, also Pflanzen einschließlich deren Früchte und wilde Tiere.

- Modellierte Solarenergiesysteme: Hierunter sind insbesondere die von der Land-, Forst- und Fischereiwirtschaft erzeugten Lebensgrundlagen zu verstehen. Diese sind durch entsprechende Anbaumethoden (u.a. Monokulturen) sowie Züchtung für die Befriedigung menschlicher Bedürfnisse erheblich ergiebiger als die vorstehend genannten unmodellierten Solarenergiesysteme. In jüngerer Zeit werden in Form von Wasserkraft-, Windenergie- und Fotovoltaikanlagen weitere Energiesysteme, diesmal technischer Art, entwickelt, die mittelbar ebenfalls den modellierten Solarenergiesystemen zuzurechnen sind.

- Fossile Energiesysteme: Mit Beginn der Neuzeit stellen diese Energiesysteme in Verbindung mit dem technischen Fortschritt eine sehr wirksame Ergänzung der vorgenannten Solarenergiesysteme dar. Unter dem Gesichtspunkt ihrer Entstehung handelt es sich hierbei ebenfalls um Solarenergiesysteme.

- Solarunabhängige Energiesysteme: In der 2. Hälfte des 20. Jahrhunderts wurden viele Anstrengungen unternommen, die Menschheit von der Abhängigkeit von den herkömmlichen Energiesystemen zu befreien. Große Hoffnung wurde dabei in die Kernenergie gesetzt. Von besonderem Vorteil ist hierbei die im Vergleich zu den sonnenabhängigen Energiesystemen ungleich höhere Energiedichte.

Die derzeitigen Entwicklungen in Deutschland verengen die Energieversorgung grundsätzlich auf den Bereich der modellierten Solarenergiesysteme, wobei solche technischer Art wie Windkraft und Fotovoltaik eine besondere Rolle spielen. Diese Entwicklung birgt Risiken.

Gesellschaft und Wirtschaft sind auf eine quantitativ und qualitativ höchstwertige Energieversorgung angewiesen. Diesem Anspruch vermögen weder Windkraft noch Fotovoltaik derzeit gerecht zu werden. Beide Formen der Energieerzeugung haben erhebliche Auswirkungen auf die sie umgebende, lebende Natur bis hin zu den Menschen. Hinsichtlich der unbelebten Natur sind die Auswirkungen der Windkraft auf die Atmosphäre, der auf diese Weise erhebliche Energie entzogen wird, kaum untersucht.

Unabhängig von den verschiedenen Systemen der Energiebereitstellung kann natürlich durch die Erhöhung der Effizienz und Effektivität bei allfälligen Energieumwandlungen der Energiebedarf gesenkt werden. Art und Umfang dieser Möglichkeit sind allerdings kaum anzuschätzen. Auch ist zu befürchten, dass bei höherer Energieausbeute Ansprüche wachsen werden, so dass insgesamt betrachtet keine Einsparung entsteht. Insofern ist auch der Einsatz körperfremder (extrasomatischer) Energie an soziale und gesellschaftliche Einstellungen und Werte gebunden.

Unter dem Gesichtspunkt der Nachhaltigen Entwicklung der Menschheit ist zu wünschen, dass durch Forschung auf allen Sektoren der Energieumwandlung, auch dem der Kernenergie, sichergestellt wird, dass ihre Energieversorgung absolut gesichert ist. Denkverbote oder Verweigerungen in welcher Hinsicht auch immer sind hier angesichts der Bedeutung dieses Themas vollkommen fehl am Platze. Im Hinblick auf den memetischen Pfad ist auch Augenmerk auf sonnenunabhängige Energiesysteme zu richten, denn diese sind für außerplanetarische Unternehmungen von besonderer Bedeutung und Eignung.

5.1.3 Geistige Entflechtung

Unter dieser Überschrift wird die Entflechtung der Menschen von einer direkten, auch haptischen Wahrnehmung der nichtmenschlichen Natur behandelt. Die Ausführungen unterliegen der Gefahr, in einer von Gefühlen beherrschten Debatte unter zu gehen. Dabei kann bereits heute beobachtet werden, wie sich insbesondere jüngere Menschen schon sehr weit von ursprünglichen Naturerfahrungen zurückgezogen haben. Sie halten sich überwiegend in künstlich gestalteten Umgebungen auf und richten ihre Wahrnehmung immer öfter auf virtuelle Realitäten oder sogar virtuelle Virtualitäten.

5.1.3.1 Reale künstliche Umgebungen

In einer deutschen Großstadt beginnt der Tagesablauf eines Bewohners etwa mit dem Erwachen durch das Weckgeräusch eines Smartphones. Natürliche Geräusche sind bis dahin im wahrsten Sinne des Wortes außen vor, vor der lärm- und wärmedämmenden Fensterscheibe. Auch die Raumluft ist anders – zumindest temperiert. Die Lagerstatt selbst hat ebenfalls nur noch wenig mit natürlichen Materialien zu tun. Ein Bett aus Stahlrohr oder bearbeitetem Holz, Matratze aus Kunststoff, ebenso Kopfkissen und Decke.

Körperpflege im Bad, weder natürliches Ambiente noch natürliche Pflegemittel. Auch das Wasser unterscheidet sich durch Temperatur und Keimfreiheit von seiner natürlichen Beschaffenheit.

Beim Frühstück vielleicht etwas mehr Naturnähe in Form von Müsli oder Obst, aber auch da schon in einem artifiziell aufbereiteten Zustand, der nur noch bedingt mit Natur zu tun hat.

Die Fahrt zum Arbeitsplatz mit Tunnelblick. Die Natur jenseits der Straße oder Schiene wird allenfalls ausnahmsweise wahrgenommen.

Durch Straßenschluchten und häufig Tiefgarage ins Büro. Zimmerpflanzen sind die einzigen natürlichen Elemente, ansonsten Bürostuhl, Schreibtisch, Regale, Besprechungstisch, PC, Notebook, Tablet, Pad, Telefon, Drucker, Fax ...

Mit dem Fahrstuhl in die Kantine, essen ...

Büronachmittag ...

Aus der Tiefgarage durch die Straßenschluchten zurück nach Hause.

Abendessen, Fernsehen, PC, Notebook, Tablet, Pad, Musik, Schlaf und dabei ununterbrochen über moderne soziale Medien erreichbar und kommunizierend.

Die vorstehenden Ausführungen belegen, wie weit sich schon heute die allgemeine tägliche Wahrnehmung von der Natur entfernt hat. Im Sinne der Entwicklung der Stadt als zentralem Ort der memetischen Evolution kommt es nunmehr darauf an, diese ganz gezielt in dieser Hinsicht zu entwickeln. Dabei steht die Befriedigung menschlicher Bedürfnisse eindeutig im Vordergrund, weshalb die Stadtentwicklung wesentlich in der Hand der Bürgerinnen und Bürger sowie deren Vereinigungen liegen sollte. Hier entsteht eine neue Form der kommunalen Selbstverwaltung im Sinne einer zukunftsorientierten Lebensraumgestaltung. Als Rahmenbedingung hierfür muss gelten, dass diese Bedürfnisbefriedigung überwiegend

„in den Mauern der Stadt" innerhalb geschlossener Stoffkreisläufe und bei effizienten und effektiven Energiekaskaden
erfolgen muss. „In den Mauern der Stadt" deshalb in Anfüh-
rungszeichen, weil der individuelle Erlebnisraum künftig wesentlich virtueller Art sein und damit die Mauern der Stadt
weit überwinden wird.

5.1.3.2 Virtuelle Umgebungen realer Art

Die Wahrnehmungswelt künftiger Generationen wird zunehmend virtueller Art sein. Moderne Medien, biotechnisch mit
dem Menschen verknüpft, werden attraktive Erlebnisse in
allen menschlichen Lebensbereichen ermöglichen, ohne dass
hierzu eine körperliche Präsenz im Erlebnisraum erforderlich
wäre. Auf diesem Weg kann eine erhebliche Entlastung der
Natur aber auch der artifiziellen Infrastruktur erfolgen.

5.1.3.3 Virtuelle Umgebungen virtueller Art

Hier wird der vorstehend beschriebene Erlebnisraum um eine
virtuelle Komponente erweitert. Memetisch konstruierte
Erlebniswelten ohne Pendant in der Natur erweitern den
menschlichen Wahrnehmungsraum und beschleunigen die
geistige Entflechtung von der realen Natur.

6 DER STAAT

Im Sinne der vorstehenden Überlegungen kommt dem Staat beim Übergang in die memetisch geprägte Gesellschaft eine besondere Bedeutung zu. Dies insbesondere dort, wo gesellschaftliche Kräfte angesichts der komplizierten und komplexen Verhältnisse oder langer Übergangszeiträume nicht angemessen reagieren.[40] Der als Zukunftsagentur verstandene Staat gestaltet überall dort, wo er die größeren Grenzerträge für die Nachhaltige Entwicklung der Menschheit erzeugen kann. Angesichts des dabei erforderlichen Ressourceneinsatzes kann dies im Einzelfall für die herrschende politische Elite eine große Herausforderung darstellen. So könnten sich weite Bevölkerungskreise politisch umorientieren, wenn durch Maßnahmen zur Sicherung der Nachhaltigen Entwicklung Einbußen im persönlichen Bereich hingenommen werden müssten. Daher wird es künftig besonders wichtig sein

1. einen breiten Konsens zwischen den politischen Parteien hinsichtlich erforderlicher staatlicher Maßnahmen zur Gewährleistung der Nachhaltigen Entwicklung herbei zu führen, diese also quasi vor die parteipolitische Klammer zu ziehen und

2. durch entsprechende Informationen und Anreize das Verhalten der Wählerinnen und Wähler im Sinne der Gewährleistung der Nachhaltigen Entwicklung zu prägen.

---

[40] Vgl. hierzu: BOLZ, H.R., 2013, S. 198 ff.

Angesichts der Bedeutung des Staates für die Gewährleistung der Nachhaltigen Entwicklung liegt klar auf der Hand, dass es hier um nicht mehr und nicht weniger geht als den Nachweis, dass Demokratie Zukunft gestalten kann.

6.1 DER STAAT UND DIE NIMBYS

Eine bedeutende Entwicklung unserer Tage ist die Individualisierung der Gesellschaft. Die Menschen orientieren ihr Handeln zunehmend an ihren persönlichen Interessen und stellen Überlegungen zur Förderung des Gemeinwohls insbesondere dann gerne zurück, wenn damit negative Folgen für sie verbunden sind. Verstärkt wird diese Tendenz durch die Einbildung, das eigene Leben weitgehend autonom gestalten zu können. Dieser liegt wiederum die Erfahrung zu Grunde, dass alles Lebensnotwendige zur Verfügung steht und jederzeit problemlos zugänglich ist.

Etwa in den 80er Jahren des vergangenen Jahrhunderts hat sich in diesem Zusammenhang der Begriff „Nimby" (Akronym aus den Worten „Not in my backyard") entwickelt. Die dahinter liegende Einstellung kann man auch als das altbekannte „St. Floriansprinzip" beschreiben. Dieses ist vielfältig zu beobachten. So stößt die Energiewende auf breite Zustimmung. Wenn es dagegen um die Errichtung von Windkraftanlagen oder Stromleitungen in der Nachbarschaft geht, brandet häufig heftiger Widerstand dagegen auf. Der Staat hat zwischenzeitlich auf solche Situationen reagiert und versucht schon seit geraumer Zeit, im Rahmen frühzeitiger und umfassender Bürgerbeteiligungen im Sinne einer „Regional Governance" geplante Maßnahmen in einen Konsens zu führen. Unabhängig von Fragen der demokratischen Legitimation von durch solche Beteiligungen entwickelten Entscheidungen[41] berühren die gefundenen Lösungen häufig wiederum Interessen nunmehr Dritter, die dann gleichfalls auf den Plan treten. Dadurch entstehen sehr lange Umsetzungszeiträume verknüpft mit der Frage, ob hierdurch nicht die Nachhaltige Entwicklung der Gesellschaft kritisch gefährdet wird.

Es kann kein Zweifel daran bestehen, dass jeder Mensch tagtäglich wesentliche Beiträge für die Nachhaltige Entwicklung leistet. Diese finden jedoch dort ihre Grenzen, wo komplizierte, komplexe und/oder in langen Zeiträumen verlaufende Entwicklungen stattfinden. Diese können aus der individuellen Perspektive nicht hinreichend wirksam gesteuert werden. Gleiches gilt für Vereine, Gesellschaften und andere gesellschaftlich oder wirtschaftliche Zusammenschlüsse. Hierzu bedarf es vielmehr einer überindividuellen, demokratisch legitimierten Autorität – und diese kann nur der Staat sein. Insofern bildet der handlungsfähige Staat das notwendige Gegengewicht zur um sich greifenden Individualisierung.

Eigentlich liegt es auf der Hand: Je geringer die Gemeinwohlorientierung Einzelner ist, umso bedeutsamer wird die gemeinwohlorientierte und damit Nachhaltigkeit gewährleistende Tätigkeit des Staates.

Angesichts der Dynamik der memtischen Evolution werden die Zeitfenster zur Bewältigung der Gefährdungen der Nachhaltigen Entwicklung immer enger. Deshalb bedarf es dort, wo der Staat die wirksameren Beiträge zur Sicherung der Nachhaltigen Entwicklung gewährleistet, eines starken und

---

[41] BENZ, A., 2010, S.32.

nicht etwa eines Verhandlungsstaates. Insofern spricht Vieles dafür, die Aufgabenverteilung zwischen Staat und Gesellschaft hinsichtlich der Gewährleistung der Nachhaltigen Entwicklung sehr verantwortungsbewusst und genau so konsequent zu regeln. Eine Vermengung der Verantwortung, wie sie das Konzept der „Regional Governance" vorsieht, birgt erhebliche, vermutlich zu viele Risiken.

6.2 DER STAAT UND SEINE BEAMTINNEN UND BEAMTEN

Die Herausforderungen, die sich insbesondere aus den Wirkungen der memetischen Evolution hinsichtlich der Gewährleistung der Nachhaltigen Entwicklung durch den Staat ergeben, setzten dessen unausgesetzte und wirksame Handlungsbereitschaft voraus. Beamtinnen und Beamte stehen in einem besonderen Dienst- und Treueverhältnis zum Staat, weshalb ihnen u.a. das Streikrecht verwehrt ist. Im Gegenzug genießen sie und ihre Familien eine hinreichende Versorgung durch ihren Dienstherrn. Gerade im Hinblick auf die künftigen Herausforderungen erscheint es zweckmäßig, das Berufsbeamtentum in seiner Bedeutung zu stärken. Dieses ist angesichts des Erfordernisses eines starken, handlungsfähigen Staates eine notwendige Voraussetzung zur Gewährleistung der Nachhaltigen Entwicklung. In den Bereichen, in denen der Staat in Ergänzung der gesellschaftlichen Beiträge die Nachhaltige Entwicklung gewährleistet, muss er aus Gründen der Risikominimierung wesentlich auf die besonders verpflichteten Beamtinnen und Beamten zurückgreifen können.

Da der Staat nach den hier vorgetragenen Überlegungen nur gewährleistend, und damit subsidiär tätig wird, unterliegt sein Engagement neben einem relativ stabilen Schwerpunkt durchaus einem diesen ergänzenden Wandel. Dauerhafte

staatliche Tätigkeiten, die Beamtinnen und Beamten anvertraut sein sollten, sind insbesondere die Gewährleistung der

- äußeren Sicherheit und Gefahrenabwehr

- inneren Sicherheit und Gefahrenabwehr

- Rechtsprechung und des Strafvollzugs

- medizinischen Grundversorgung

- schulischen Bildung und er Bildung für Nachhaltige
  Entwicklung

- Erhaltung des sozialen Friedens

- Verkehrs- und Datenübertragungsinfrastruktur

Ein weitergehendes Engagement des Staates ist im Einzelfall
zu begründen. Hierfür geeignet ist das Instrument der Nach-
haltigkeitsfolgenabschätzung[42], das als Entscheidungsgrund-
lage für das Tätigwerden des Staates herangezogen werden
kann. Auch hier sollten die entstehenden Aufgaben Beamtinnen und Beamten anvertraut werden.

6.3 Der Staat und die Entwicklung der Lebens-grundlagen

Gemeinhin ist heute von der Notwendigkeit des Schutzes der
natürlichen Lebensgrundlagen die Rede.[43] Diese Formel ist
aus mehreren Gründen nicht unproblematisch.

---

[42] Vgl. hierzu: BOLZ, H.R., 2013, S. 203 ff.

[43] Vgl. hierzu: Grundgesetz der Bundesrepublik Deutschland, Art. 20
a: „Der Staat schützt auch in Verantwortung für die künftigen

Das Substantiv „Schutz" beschreibt einen statischen Zustand. Auf Grund der memetischen Evolution entwickelt sich die menschliche Gesellschaft dagegen sehr rasch. Dabei hat sie immer wieder die Natur durch entsprechende Eingriffe in den Dienst ihrer Entwicklung gestellt. Insofern wurden in der Vergangenheit die natürlichen Lebensgrundlagen nicht geschützt, sondern im Sinne des Menschen entwickelt.

Die menschlichen Lebensgrundlagen setzen sich aus natürlichen und künstlichen Anteilen zusammen, wobei erhebliche gegenseitige Abhängigkeiten bestehen. Es ist aus dieser Sicht daher eher angemessen, von der Entwicklung der menschlichen Lebensgrundlagen allgemein zu sprechen und die Einschränkung auf den natürlichen Bereich zu unterlassen.

Die Wirkungen der memetischen Evolution verlagern den Schwerpunkt der menschlichen Lebensgrundlagen systematisch in den naturfernen, also künstlich gebildeten Teil. Dies ist auch deshalb erforderlich, weil die heutige Entwicklung der Menschheit nicht mehr rein auf natürlicher Grundlage abgebildet werden kann. Daher ist mit der Nachhaltigen Entwicklung der Menschheit auch die Forderung nach der Entlastung der natürlichen Lebensgrundlagen verbunden.

Die so verstandene Entwicklung der Lebensgrundlagen des Menschen kann wirkungsvoll in städtischen Verdichtungen erfolgen. Daher ist es eine herausragende Staatsaufgabe, die Städte als zentrale Orte der memetischen Evolution zu entwickeln. Dies insbesondere, um die Nachhaltige Entwicklung der Menschheit zu gewährleisten.

Generationen die natürlichen Lebensgrundlagen und die Tiere ..."

6.4 DER STAAT UND DIE ENERGIEVERSORGUNG

Die heutige, memetisch geprägte Gesellschaft lebt unter Nutzung eines erheblichen Energieeinsatzes weit vom natürlichen Gleichgewicht entfernt. Die Versorgung mit dieser Energie in angemessenem Umfang ist eine hoch komplizierte und - komplexe Herausforderung. Zweifel an der unbedingten Zuverlässigkeit der Energiebereitstellung hätten insbesondere für den Wirtschaftsstandort Deutschland schwerwiegende Folgen. Ein Netzzusammenbruch gar könnte nicht nur im wirtschaftlichen, sondern auch im gesellschaftlichen Bereich beachtliche Folgewirkungen bis hin zum Ausbruch von Seuchenzügen als Folge einer sich nach Stromausfall rasch verschlechternden Hygienesituation haben.

Die Gewährleistung der Sicherheit der Energieversorgung ist angesichts ihrer Bedeutung Staatsaufgabe. Wegen des Energiehungers aufstrebender Volkswirtschaften, der Risiken beim Einkauf von Energieträgern sowie des Verzichts auf die Nutzung von Kernenergie sind die Zeitfenster zur Beantwortung der offenen Fragen auf dem Energiesektor eng. Hier ist ein handlungsfähiger Staat gefordert, der Staat als Zukunftsagentur.

7 AUSBLICK

Wir leben in einer Übergangszeit, die neben großen Chancen erhebliche Risiken für die Nachhaltige Entwicklung birgt. Diese können nicht durch eine Reintegration des Menschen in natürliche Kreisläufe überwunden werden. Wichtig ist im Gegenteil, sich der Tatsache bewusst zu werden, dass sich der Mensch als Folge der Wirkmächtigkeit der memetischen Evo-

lution systematisch von der nicht-menschlichen Natur emanzipieren muss. Der Ort, an dem dies erfolgreich geschehen
kann, ist die städtische Verdichtung. Dort können memetische Innovationen wie hocheffiziente Energiekaskaden, ge-
schlossene Stoffkreisläufe sowie virtuelle Erlebniswelten die
erforderlichen Voraussetzungen schaffen. In diesem Umfeld
wird ein hohes Maß an Selbstorganisation innerhalb der Gesellschaft möglich sein, welches bei Defiziten durch einen
handlungsstarken Staat ergänzt werden kann. Die so entlaste-
te Natur kann, von menschlichen Einflüssen zunehmend befreit, in ihre genetisch programmierte Entwicklung zurück
pendeln.

Eine Auseinandersetzung mit der Entwicklung der Menschheit
in den städtischen Verdichtungen in Verbindung mit insbesondere den gen- und biotechnischen Optionen sowie den
Möglichkeiten, welche die modernen Medien und die künstliche Intelligenz als Folge der memetischen Revolution bieten,
kann hier nicht ansatzweise geleistet werden. Sie wird jedoch
eine, wenn nicht die zukünftige Herausforderung sein.

Glossar

Anthropogen	Vom Menschen geschaffen
Anthropozän	Vom Menschen geprägtes Zeitalter
Anthropozentrisch	Den Menschen in den Mittelpunkt setzend
Autotroph	Sich selbst ernährend
Etymologie	Lehre von der Herkunft der Wörter
Etymologisch	Die Etymologie betreffend
Evolution	Entwicklung, Entfaltung insbesondere der Lebewesen
Heterotroph	Sich von organischen ernährend, die von anderen Lebwesen stammen
Irreversibel	Unumkehrbar
Mem	Nach Richard Dawkins eine Einheit der Imitation, etwa eine Formel, eine Melodie oder ein Gedanke.
memetisch	Von Memen geprägt
Metapher	Bildlicher Ausdruck

Paradigma	Wissenschaftliches Weltbild, das forschungsleitend wirkt
Primat	Herrentier, Angehöriger der Gruppe von Säugetieren, zu denen Halbaffen, Affen und Menschen gehören
Ressourcen	Hier: Lebensgrundlagen des Menschen

8 STICHWORTVERZEICHNIS

9 LITERATURVERZEICHNIS

BENZ, A., DOSE, N., Governance – Modebegriff oder nützliches sozialwissenschaftliches Konzept in: BENZ, A., DOSE, N., Governance – Regieren in komplexen Regelsystemen, VS Verlag für Sozialwissenschaften, Wiesbaden, 2010

BISHOP, J.E., WALDHOLZ, M., Landkarte der Gene, München, 1996

BÖHRET, C., Die Zeit nach dem E-Government, in KLEWITZ-HOMMELSEN, S., BOHN, H. (Hrsg.), LIT, Münster, 2005

BOLZ, H.R., Der Staat als Zukunftsagentur – Gesellschaft und Herrschaftssysteme in Nachhaltiger Entwicklung, Books on Demand, Norderstedt, 2013

BRAND, ST., Whole Earth Discipline, Penguin Books, New York, 2010

BRUGGER, W., Philosophisches Wörterbuch, Herder, Freiburg, 1976

BÜLLESBACH, R. et al., Bollwerk Mainz, morisel, München, 2013

CRUTZEN, P.J., Geology of mankind, Nature 415, 1999, S. 23

COEN, E., Die Formel des Lebens, Hanser, München, 2012

DAWKINS, R., Das egoistische Gen, Spektrum, Heidelberg, Berlin, Oxford, 1994

DREWERMANN, E., Wozu Religion?, Herder, Freiburg im Breisgau, 2009

ECKARDT, F., Das Prinzip Nachhaltigkeit, C.H. Beck, München, 2005

FUKUYAMA, F., Das Ende des Menschen, Deutsche Verlagsanstalt, Stuttgart/München, 2002

GRÜNERT, H. (Leiter Autorenkollektiv), Geschichte der Urgesellschaft, VEB Deutscher Verlag der Wissenschaften, Berlin, 1982

HABER, W. in VOGT, M., OSTHEIMER, J. UEKÖTTER, F. (Hrsg.), Wo steht die Umweltethik?, Metropolis, Marburg, 2013

JESSEN, J., Leitbilder in der Stadtentwicklung, in: Akademie für Raumforschung und Landesplanung (ARL) Handwörterbuch der Raumordnung, Hannover, 2004, S. 602 - 608

KUHN, T.S., Die Struktur wissenschaftlicher Revolutionen, Suhrkamp, Frankfurt am Main, 1999

LAPOS. A., Käfer oder Mensch?, in Pfälzer Tageblatt – Ausgabe Rheinschiene, 27.09.2013

LEIST, A. in VOGT, M., OSTHEIMER, J. UEKÖTTER, F. (Hrsg.), Wo steht die Umweltethik?, Metropolis, Marburg, 2013

LINKE, D. Einsteins Doppelgänger, . H. Beck, München, 2000

MEYER-ABICH, K.-M., Wege zum Frieden mit der Natur, Hanser, München/Wien, 1984

ORNSTEIN, R., Evolution des Bewusstseins, VAK, Freiburg, 1996

PRENSKY, M., Digital Natives, Digital Immigrants, MCB University Press,Vol. 9 No. 5, October 2001

RAWLS, J., Eine Theorie der Gerechtigkeit, Suhrkamp, Frankfurt/M., 1979

80

REICHOLF; J.H.; Ende der Artenvielfalt, S. Fischer, Frankfurt, 2008

SCHURZ, G., Evolution in Natur und Kultur, Spektrum, Heidelberg ,2011

SIEFERLE, R.P., Der unterirdische Wald, Energiekrise und industrielle Revolution, C.H. Beck, München, 1982

SPITZER, M., Digitale Demenz, Droemer, München, 2012

THIES, Ch., in VOGT, M., OSTHEIMER, J. UEKÖTTER, F. (Hrsg.), Wo steht die Umweltethik?, Metropolis, Marburg, 2013

VOGT, M., in VOGT, M., OSTHEIMER, J. UEKÖTTER, F. (Hrsg.), Wo steht die Umweltethik?, Metropolis, Marburg, 2013

WRANGHAM; R., PETERSON, D., Bruder Affe, Heinrich Hugendubel, München, 1983